周蓓 主編

『民國專題史』叢書

程樹德 編

河南人民出版社

中國法制史

本書系爲清華和北大的法律系學生所編寫的教材，按照專題形式構建中國法制通史，爲後世中國法制史的編寫體例提供了參考

圖書在版編目(CIP)數據

中國法制史 / 程樹德編. —鄭州 : 河南人民出版社, 2016. 4(2017. 1 重印)
(民國專題史叢書 / 周蓓主編)
ISBN 978-7-215-10067-1

Ⅰ. ①中… Ⅱ. ①程… Ⅲ. ①法制史-中國-古代 Ⅳ. ①D929.2

中國版本圖書館 CIP 數據核字(2016)第 079727 號

河南人民出版社出版發行
(地址:鄭州市經五路 66 號　郵政編碼:450002　電話:65788063)
新華書店經銷　河南新華印刷集團有限公司印刷
開本 710 毫米×1000 毫米　1/16　印張 12.5
字數 180 千字
2016 年 4 月第 1 版　2017 年 1 月第 3 次印刷

定價 : 80.00 圓

出版前言

中國現代學術體系是在晚清西學東漸的大潮中逐步形成的。至民國初建，中央政治權威進一步分散和削弱，加之新文化運動帶給國人思想上的空前解放，新學的啓蒙，新知識分子的産生，民國學術如草長鶯飛，進入一個自由而蓬勃的時代。中國傳統學科乃中國學術之根基與菁華所在，民國學人采用『取今復古，别立新宗』之方法，引入西方的學術觀念，積極改造，使史學、文學等學科向現代學術方向轉型。此外，大力推介西方社會科學的新學科和自然科學，在學習、借鑒乃至移植西方現代學術話語和研究範式的過程中，逐漸建立中國現代學科，使中國的學科門類迅速擴展。一時間，新舊更迭，中西交流，百花齊放，萬壑争流，開創了中國現代學術的源頭。

伴隨知識轉型和研究範式轉換而來的，還有學術著作撰寫方式的創新。中國古代的著作向來以單篇流傳，經後人整理匯編後，方以成册成集的面目出現并持續傳播。直到十九世紀末，東西方的歷史編撰體裁不外乎多卷本的編年體、紀傳體和紀事本末體等，章節體的出現標志着近代西方學術規範的産生和新史學的興起。章節體具有依時間順序，按章節編排；因事立題，分篇綜論；既分門别類，又綜合通貫的特點。以章、節搭建起論述之框架，結構分明，邏輯清晰，較傳統的撰寫體裁容量大、系統性强。它的傳入，使中國現代學術體系從内容到形式被納入了全球化的軌道。民國時期專題史的研究、評介、編纂、出版恰恰是在這樣的背景下欣欣而發，是學術的實驗場，也是歷史的記録儀。編選『民國專題史』叢書的初衷正是爲了從一個側面展示中國學術從傳統向現代過渡的歷史進程。

專題史是對一個學科歷史的總結，是學科入門的必備和學科研究的基礎，也是對一個時代艱深新鋭問題的解答，是學術研究的高點。民國專題史著作中，既包含通論某一學科全部或一時代（區域、國别）的變化過程的，又囊括對一時代或一問題作特殊研究的，還有少部分是對某一專題的史料進行收集的。原創與翻譯并重，翻譯的底本大多選擇該學科的代表著作或歐美大學普及教本，兼顧權威性和流行性，其中日本學者的論著占據了相當比重。日本與中國同屬東亞儒家文化圈，他們在接納西方學術思想和研究模式時，已作了某種消化與調適，從思維轉換的角度看，更便于中國借鑒和利用，他們的著作因而被時人廣泛引進。

與當代學術研究日趨專業化、專門化、專家化的『窄化』道路迥乎不同的是，中國傳統學術崇尚『學問主通不主專，貴通人不尚專家』的通識型治學門徑，處于過渡轉型期的民國學術在不同程度上保留了這種特徵。民國學術大師諸學科貫通一脉，上千年縱横捭闔之功力自不待冗言，外交家著倫理政治史、文學家著哲學史、化學家著戰爭史等亦不乏其人，民國專題史研究呈現出開放、融通、跨界撰述的特點。與此同時必須看到，自晚清以來，中國的命運就在外侮屢犯、内亂頻仍的窘境中跌宕彷徨，民族存亡仿若命懸一綫。這股以創建學科、總結經驗、解决問題爲指歸的專題史出版風潮背後，包裹着民國學人企望以西學爲工具拯民族于衰微的探索精神，及以學術救亡的愛國之心。梁任公曾言：『史學者，學問之最博大而最切要者也，國民之明鏡也，愛國心之源泉也。』這種位卑未敢忘憂國的歷史使命感和國民意識是今人無法漠視和遺忘的。

『民國專題史』叢書收録的範圍包括現代各個學科，不僅限于人文社會科學，學科分類以《民國總書目》的分科爲標準，計有哲學、宗教、社會、政治、法律、軍事、經濟、文化、藝術、教育、語言文字、中國文學、外國文學、中國歷史、西方史、自然科學、醫學、工業、交通共19個學科門類。本叢書分輯整理出版，内不分科，單本發行，方便讀者按需索驥。既可作爲大專院校圖書館、學術研究機構館藏之必備資源，也可滿足個人研讀或興趣之收藏。

與目前市場已有的一些專題史叢書相比，『民國專題史』叢書具有規模大、學科全、選本精、原版影印的特點。本叢書選目首重作者的首創、權威和著作影響力，尤其注重選本的稀見性。所謂稀見，即建國後没有再版，且多數圖書館没有收藏，或即便有收藏，也是歸于非公開的珍本之列予以保存，普通讀者難以借閲。部分圖書雖有電子版，但作爲學術研究的經典原著讀本，紙質版本更利于記憶和研究之用。本叢書精揀版本最早、品相最佳的原版圖書作爲底本，因而還具有很高的版本收藏價值。

『民國專題史』的著作是民國學者對于那個時代諸問題之探究，往往有獨到之處，無論其資料、觀點短長得失如何，要之在中國現代學術史的構建與發展進程中，自有其開宗立論之地位。

中國法制史目錄

中國法制史

第一篇 總論

第一章 法律之語源

爾雅釋詁：法常也；郝氏義疏，常、說文以爲裳本字，經典借爲久常字。法則者俱一定而不可變，是有常意。說文、灋刑也，平之如水從水，廌所以觸不直者去之從廌去。【註一】桂氏義證云：桓子新論、治獄如水。習鑿齒曰：夫水至平而邪者取法，鏡至明而醜者忘怒。水鏡之所以能窮物而無怨者，以其無私也。

【註一】說文：廌解廌獸也，似山牛一角。古者決訟，令觸不直，是以爲似牛也。論衡觟䚦者一角之羊也，性知有罪。皋陶治獄，其罪疑者，令羊觸之，有罪則觸，無罪則不觸。斯蓋天生一角聖獸，助獄爲驗。故皋陶敬羊，起坐事之。金樓子：神獸若羊，名曰獬豸，是以爲似羊也。

漢書司馬相如傳注：張揖曰：解廌似鹿而一角；人君刑罰得中，則生於朝廷，主觸不直者，是以爲似鹿也。隋書禮儀志引蔡邕曰：獬豸如麟一角，是以爲似麟也。神異經，東北荒中有獸，如牛一角，毛青四足似熊，見人鬪則觸不直，聞人論則咋不正，名曰獬豸，是以爲似熊也。續漢書輿服志，注冠一曰柱後，或謂之獬豸冠，獬豸神羊，能別曲直，楚王常獲之，故以爲冠。漢官儀：秦滅楚，以其冠賜近臣，御史服之，古有解廌獸觸不直者，故執憲以其形用爲冠，令觸人也。

管子：當故不改曰法。

釋名：法逼也，莫不欲從其志，逼正使有所限也。

文子：法安所生，曰法生於義。

爾雅釋詁：律、常也，法也，釋言：律、述也，說文：律、均布也，段注：律者、所以範天下之不一而歸於一，故曰均布；是以均布爲一義也。王氏句讀，均句，以均釋律者。周語：律、所以立均出度也。後漢書律歷志：夏至陳八音，聽五均。樂汁圖徵曰：均者、六律調五聲之均也，又中之以布也者。釋器：律謂之分。禮運注：陽曰律，陰曰呂，布在十二辰是也。桂氏義證云：均布也者，義當是均也布也，是皆以均布爲一義也。

史記律書：王者制事立法，物度軌則，壹稟於六律，六律爲萬事根本。邱濬大學衍義補曰：律之言昉於虞書，蓋度量衡受法於律，積黍以盈，無錙銖爽。凡度之長短，衡之輕重，量之多寡，莫不於此取正。律以著法，所以裁制羣情，斷定諸罪，亦猶六律正度量衡也；故制刑之書，以律名焉。

管子：夫法者，所以興功除暴也；律者，所以定分止爭也。法律政令者，吏民規矩繩墨也。是爲法律二字連用之始。易：師出以律。孔疏云：律法也。唐律疏義：李悝集諸國刑典，造法經六篇，商鞅傳授，改法爲律。蓋自秦漢以來，法之與律，遂爲通用之文字矣。

第二章　周秦諸子法治之觀念

(一)儒家　儒家主禮治不主法治。孝經：安上治民，莫善於禮。曲禮：人有禮則安，無禮則危。禮運：治國不以禮者，猶無耜而耕也；論語：能以禮讓爲國乎何有；皆此主義之表示也。其對於法，則認爲不足爲治，不得已而用之。尚書：刑期於無刑。大學：聽訟吾猶人也，必也使無訟乎。論語：道之以政，齊之以刑，民免而無恥；道之以德，齊之以禮，有恥且格。家語：冉有問於孔子曰：古者三皇五帝不用五刑，信乎？孔子曰：聖之人設防，貴其不犯也，制五刑而不用，所以爲至治。孟子：所謂徒法不能以自行，亦本斯旨。

荀子在儒家中，別爲一派。孔、孟皆尊先王，而荀子則法後王；孟子道性善，而荀子則言性惡；然亦不主法治，君道篇：法不能獨立，得其人則存，失其人則亡；又云：有治人無治法。其主張與孔氏人存政舉，人亡政息之意同。

(二)法家　太史公以申、韓與老子同傳，以爲其慘刻少恩，皆原於清淨之意；蓋法家本源出黃老；然其攻難儒家之意，則與道家異，病儒家之過於優柔，而欲信賞必罰，以矯禮治之弊。韓非子顯學篇云：夫聖人之治國，不恃人之爲吾善也，而用其不得爲非也，恃人之爲吾善也，境內不什數，用人之不得爲非，一國可使齊爲治也。用衆而舍寡，故不務德而務法。五蠹篇云：且夫以法行刑，而君爲之流涕；此所以效仁，非所以爲治也。夫垂涕不欲刑者仁，然而不可不刑者法也。先王勝其法，不聽其泣，則仁之不可爲治亦明矣。又云：釋法術而心治，堯不能正一國；去規矩而妄意度，奚仲不能成一輪。商君書云：仁者能仁於人，而不能使人仁；義者能愛於人，而不能使人相愛；是以知仁義之不足以治天下也。（中略）聖王者不貴義而貴法，法必明令必行則已矣，此法家排斥禮治主義之大略也。

法家以法律爲救時之具。鄭子產鑄刑書，叔向諫之。子產曰：僑不才，不能及子孫，吾以救世也。此法家一貫之主義也。法律既爲救時，其論理之結果，則法律者無一定不變之原則者也。商君開塞篇云：聖人不法古，周不法商，夏不法虞，三代異勢而皆可以王。（中略）古之民朴以厚，今之民巧以僞，故效於古者先德而防，治於今者前刑而法。又云：當此時親親廢，上賢立矣。（中略）聖人承之，作爲土地貨財男女之分，分定而無制不可，故立禁；禁止而莫之司不可，故立官；官立而莫之一不可，故立君。既立其君，則上賢廢而貴貴立矣。（中略）世事變而行道異也。商子蓋言世有升降，俗有厚薄，治古宜於德，治今宜於法，以示其所以不採禮治之故，而變法之出於不得已。淮南子氾論訓亦云：夫殷變夏，周變殷，春秋變周，三代之禮不同。（中略）今儒、墨者稱三代文武而弗行，是言其所不行也。非今之世而弗改，是行其所非也。稱其所是，行其所非，是以盡日極慮而無益於治，勞形竭智而無補於主。

商君雖主法治，然其畫策篇云：國之亂也，非其法亂也，非法不用也。國皆有法，而無使法必行之法，是不待人之駁詰，而說固已窮矣。太史公曰：法令者治之具，而非制治清濁之原。斯言諒哉！【註二】

【註二】管子中論法之處極多，以非法家不錄。

（三）道家　道家以人類自然狀態之法則爲良法，而其餘皆爲惡法。老子：天法道，道法自然；列子【註三】黃帝篇：黃帝夢遊華胥氏之國；莊子在宥篇：黃帝始以仁義攖人之心；皆此主義之表示也，尤深惡法治主義。胠篋篇：昔者齊國曷嘗不法聖人哉！田成子一日殺齊君而盜其國。所盜者豈獨其國耶，並與其聖知之法而盜之。又云：爲之仁義以矯之，則並與仁義而竊之。憤世嫉俗，至創爲「剖斗折衡；而民不爭，聖人不死，大盜不止。」之論，不特法治而已，並禮治一併排斥之。

【註三】列子雖係僞書，然卻可代表道家一派之思想。

(四)墨家　墨家以兼愛尚同爲宗旨，不贊成儒家之禮治主義。非儒篇云：孔丘盛容修飾以蠱世，絃歌鼓舞以聚徒，繁登降之禮以示儀，務趨翔之節以勸衆，儒學不可以議世，勞思不可以補民，累壽不能盡其學，當年不能行其禮。淮南子要略云：墨氏初學儒者之業，受孔子之術，既乃以爲其禮煩擾，傷生害樂，靡財貧民，其論法治，則純與孔子同。尚同篇云：昔者聖王制爲五刑以以治天下，逮至有苗之制五刑以亂天下。此豈刑不善哉，用刑則不善也。蓋亦不主張法治者。

第三章 法系

中國之有成文法典，自李悝法經始。【註四】晉志：秦漢舊律，其文起自魏文侯師李悝。悝撰次諸國法，著法經。商君受之以相秦。是秦律卽法經也。漢就法經增戶、興、廏三篇，謂之九章。唐六典注，漢蕭何加悝所造戶、興、廏三篇，謂之九章之律是也。魏律十八篇，以晉志考之，捕律、戶律，仍漢之舊，刼略、請賕、償贓，係由盜律分出，詐僞、毁亡，由賊律分出，告劾由囚律分出，繫訊、斷獄，由囚律、興律分出，驚事律亦由興律分出，僅删漢之廏律一篇，其餘與九章實無大出入也。其具律則改爲刑名，列之律首。晉律仍就漢之九章而增損之，無魏律之刼略、驚事、償贓、免坐四篇，而增法例、衞宮、水火、關市、違制、諸侯六篇。後漢之廏律一篇，晉志謂蠲其苛穢，存其淸約。是魏、晉兩朝之律，均以漢律爲藍本也。

自晉氏失馭，天下分爲南北，於是律分南北二支。南朝劉、宋、南齊，沿用晉律，南齊書孔稚圭傳：所謂江左相承用晉世張、杜律是也。梁武始定律，篇目均與晉同；惟删去諸矦一篇，增置倉庫一篇。以隋志考之，知梁律卽晉律之張、杜舊本；蓋南齊時議而未行者也。陳律則篇目條綱，一依梁法。是兩朝之於晉律，其增損均在文字之間。及陳倂於隋，而南朝之律，其祀遽斬。

今唐宋以來，相沿之律，均屬北系；而尋流溯源，當以元、魏之律，爲北系諸律之嚆矢。北魏多承用漢律，不盡襲魏、晉之制。蓋世祖定律，出於崔浩、高允之手。崔浩長於漢律；史記索隱尙引其漢律序文。高允則好春秋、公羊；蓋治董仲舒、應劭、公羊决獄之學者。惜魏律久佚，史並失其篇目；然以魏書紀傳考之，知其固源出漢律也。

元魏既亡，北齊、後周，各自定律，後周律二十五篇，成於武帝保定三年。北齊律十二篇，成於武成河淸三年。及隋文帝代周有天下。其定律獨採北齊而不襲周制。是何以故？考周書蘇綽傳：太祖命綽爲大誥，文章皆依此禮。史通亦謂宇文初習華風，軍國詞令，皆準尙書。周律篇目科條，皆倍於齊律，而祀享、朝會、市廛三篇，爲魏、晉以來所未見，意必剌取天官、地官、春官諸文，資其文飾，今古雜糅；至隋氏乃一掃其迂謬之迹也。

南北朝諸律，北優於南，而齊律尤爲北朝諸律之最。北齊書崔昂傳，謂部分科條，校正古今，所增損十有七八。隋志亦云：科條簡要，仕門子弟，常講習之；故齊人多曉法律。史稱周律比於齊法，煩而不要。是周、齊二律之優劣，在當時已有定論也。隋開皇定律，純採北齊，今齊律雖佚，尙可於唐律，得其彷彿：篇目雖有分合，而沿其十二篇之舊，一也；刑名雖有增損，而沿其五等之舊，二也；十惡名稱雖有歧出，而沿其重罪十條之舊，三也。

隋律有二：一爲文帝所定之開皇律，一爲煬帝所定之大業律。通鑑：武德元年，廢隋大業律令。唐會要：武德元年，詔劉文靜與當朝通識之士，因隋開皇律令而損益之。唐六典注：武德中定律令，其篇目一准開皇之舊。刑名之制亦略同，惟三流皆加一千里，以此爲異。是今所傳之唐律，即以隋之開皇律爲藍本也。

唐律行世最久，五代無論已。玉海：國初用唐律令格式。建隆四年七月，工部尚書判大理寺竇儀，進建隆重定刑統三十卷。詔付大理寺刻板摹印，頒行天下。宋書藝文志有竇儀重詳定刑統三十卷，今其書尚存：質言之，即唐律也。遼史、神册六年，詔大臣定治契丹及諸夷之法。漢人則斷以律令。聖宗紀：統和元年，譯南京所進律文。十二年詔契丹人犯十惡者依漢律。按漢律者漢人之律，即唐律也。金史：天眷三年，復取河南地，乃詔其民約所用刑法，皆從律文。所謂律文，亦唐律也。泰和元年修律，凡十二篇。志言：其實即唐律。是遼、金所用之律，皆唐律也。

元典其初未有法守，百司斷理獄訟，循用金律。元史：大德三年，命何榮祖更定律令。然據何榮祖傳：大德律令，書成已久，未及頒行。(元典章所錄，大德律令爲多。）明太祖平武昌，卽議律令。吳元年命左丞相李善長爲律令總裁，十二月書成，凡律二百八十五條。洪武元年，命儒臣四人，同刑官講唐律，日進二十條。六年詔刑部尚書劉惟謙，詳定大明律。明年書成，篇目一準於唐。自胡惟庸誅後，廢中書而政歸六部。是年更定大明律，亦以六曹分類，遂一變古律之面目。淸律因之，然其實質則仍唐律也。明志謂明律視唐簡覈，而寬厚不如宋。沈氏刑法考評之曰：以唐律明律詳加比較，論者終以唐爲長。明之所改，輕重未必悉愜人意也。【註五】

【註四】李悝以前，非無法典，如黃帝李法，春秋時刑書刑鼎之類，特至悝始集其成耳。

【註五】種有刊行之唐明律合刻，薛允升著。

第四章　中國法律之特徵

中國法律，有左列特殊之點：

(一)建國之基礎，以道德，禮教，倫常，而不以法律，故法律僅立於補助地位，爲手段，不爲目的，舉例明之：

（甲）禮記：禮不下庶人，刑不下大夫。荀子富國篇：由士以上，則必以禮樂節之，子庶百姓，則必以法數制之。皆以法爲束縛下流社會之具。此似原因於上古之階級制度，而實不然。秦廢井田封建，漢高祖起自匹夫，貴族觀念，業已掃蕩無遺矣。然漢時周勃有罪，逮詣廷尉詔獄，賈誼上疏曰：「古者廉恥禮節，以治君子，故有賜死而無僇辱；是以黥劓之罪，不及大夫。夫嘗已在貴寵之位，今而有過，廢之可也，退之可也，賜之死可也，滅之可也。若夫束縛之，係緤之，輸之司寇，編之徒官，司寇小吏，詈駡而榜笞之，殆非所以令衆庶見也。」魏書李彪傳：「聖朝賓遇大臣，禮同古典。」自太和以降，有負罪當陷大辟者，多得歸第自盡，六朝時猶如此。外士大夫之束身自愛者，猶不肯以細微事故，經於涉訟公庭，事之曲直不論，而一經成訟損失已多，今日猶有此觀念也。

(乙)法律之外，時得以經義決獄。漢志：有公羊董仲舒治獄十六篇。應劭傳：劭亦撰春秋決獄。史記儒林傳：呂步舒決淮南獄，以春秋之義正之，天子皆以爲是。兒寬傳：張湯爲廷尉，以寬爲奏讞掾，以古法義決疑獄，甚重之。魏書刑罰志：太平眞君六年，以有司斷法不平，詔諸疑獄，皆付中書依古經義論決之。高允傳：以經義斷諸疑事，三十餘載，內外稱平。蓋自漢魏逮至六朝，經義決獄，成爲慣例，見於各史傳者，不可指數。苟合於道德禮敎倫常，雖律無正條，猶可以斷獄治罪也。

(丙)用法而不泥於法，法本輕而處重，或法本重而處輕，反以博社會之歡迎。如贓輕罪也。然歷代開國之王，皆重治贓罪。漢文帝禁坐贓者不得爲吏。東漢之初，贓吏子孫，三世禁錮，五代多贓吏。藝祖受命，凡贓吏皆棄市。元季賄賂風行。明祖峻法，而民俗丕變，後世無敢議其非者。宋張乖崖爲崇陽令，有吏盜一錢，令杖之。吏曰：「卽能杖我，寗能斬我耶？」乖崖曰：「杖者法律，斬者自請，杖而後斬之。」此法輕而處重也。殺人重罪也。而復讎之殺人，時得邀輕典，或逕免其罪，此法重而處輕也。甚至違法縱囚，後世猶詫為美談。漢書：馬援為郡督郵送囚，援哀而縱之。鍾離意送徒詣河內，解其桎梏，恣所欲過與尅期俱至，無一或違者。晉書：曹攄為臨淄令，獄待查。歲夕攄行獄，憫之曰：「卿等不幸致此，新歲人情所重，豈不欲暫歸耶？」囚皆感泣，攄開獄出之。至日果如期返。（縱囚凡數十事，詳見陔餘叢考，）固不獨唐太宗之死囚四百來歸獄，噲炙人口也。梁書吉翂傳，翂撾登聞鼓，乞代父命，武帝特原其罪。夫至於因嘉其孝之故，而曲法以成其名，此豈可得之於今日者。陸隴其為縣令，民有訟者，率告誡之，皆涕泣悅服而去，不盡繩以法，當時號稱循吏。使在今日，必有謂其弁髦法律者矣。

(二)立法之根據，以道德、禮教、倫常而不以權利。各國憲法，所以保障人權，民法則以物權，債權為先，而親族、繼承次之。此法律建築於權利之上也，我國則反是。

(甲)以道德爲根據者　如和姦在西律爲無罪，而我國自漢迄清皆罪之。漢律有公罪、私罪之別。私罪重於公罪。唐律、明律、清律皆因之。漢志：孕者未乳、師侏儒，當鞠繫者頌繫之。魏書：世祖定律，婦人當刑而孕，產後百日乃決。又如清律十惡之不道不義，皆以道德爲根據者。

(乙)以禮教爲根據者　如漢書百官公卿表：衛尉充國，坐齋不謹，棄市。唐律、大祀散齋不宿正寢者，一宿笞五十。又如唐律中之子孫不得別籍，居父母喪生子，同姓爲婚。清律中之不許在歷代帝王陵樵採耕種及牧畜牛羊，禁縱妻女在寺觀神廟燒香之類，及十惡之不敬，皆以此爲根據者。

(丙)以倫常爲根據者　如漢律有禽獸行，卽唐律十惡之內亂也。宋書何承天傳，引法云：「違犯敎令，敬恭有虧，父母欲殺，皆許之。」所謂法，卽晉律。唐律以不孝入十惡，而違犯教令則入鬬訟。大抵中國犯罪，對尊長必較普通爲重。同一詈罵也，而於罵祖父母或父母，罵尊長則加重之。同一殺人也，於謀殺祖父母或父母則加重之。同一姦也，而親屬相姦，居喪犯姦則加重之。同一毆也，而毆祖父母、尊長、妻妾、毆夫則加重之。此淸律也，而其源實出於唐律。漢時尙有無子聽妻入獄之例。御覽引東觀漢記：鮑昱爲泚陽長，縣人趙堅殺人繫獄。其父母詣昱自言年七十餘，惟有一子，適新娶，今繫獄當死，長無種類，涕泣求哀。昱憐其言，令將妻入獄，遂妊身有子。其後遂爲成例。魏刑書罰志引魏法例律：諸犯死罪，若祖父母年七十已上，無成人子孫，旁無期親者，具狀上請，流者鞭笞留養其親。如此之類，不可枚舉。

其對於權利，則法律常保護債務者，淸律錢債，凡私放錢債及典當財物，每月取利，並不得過三分，年月雖多，不過一本一利。違者笞四十，以餘利計贓，重者坐贓論罪。與西律之保護資本主義，固若冰炭之不相容也。

（三）法律既立於補助道德禮教倫常之地位，故其法常簡，常歷久不變，試申其義：

（甲）國將亡必多制，爲自昔垂戒之格言。漢高祖與父老約法三章，悉除去秦法，而民大悅。唐高祖又襲其故智，大業十三年，約法十二條，遂代隋而有天下。簡則治，繁則亂，蓋以我國幅員之廣，人民之衆，風俗之殊，不能不有以簡馭繁之法。故各國無不有極詳密之民法、商法、訴訟法，而我國皆無之。是否爲古人思慮所未及，尚屬待考。即以古律言之，亦日趨於簡。漢時九章之外，有傍章十八篇，越宮律二十七篇，朝律六篇。魏律凡十八篇，晉志謂於正律九篇爲增，於傍章、科令爲省；然其條數，則均不可攷。晉律據晉志，謂六百二十條。唐六典注，則謂一千五百三十條，未知孰是。後魏定律，史不載其條數。梁律二千五百二十九條，陳律同。齊律九百四十九條。周律一千五百三十七條。

隋開皇律五百條，大業律同。唐律亦五百條。明律減爲四百六十條。清律又減爲四百三十六條，此亦由繁趨簡之二證也。

因法律之簡，恐事變有出於律之外者，於是有比附之法。漢書陳忠傳，忠奏上決事比三十二條。魏書刑罰志：于定國死罪決事比三千四百七十二條。東觀漢記：鮑昱有辭訟比七卷，決事都目八卷。自是永爲成法。清律，凡律令該載不盡事理，若斷罪無正條者，引律比附，應加應減，定擬罪名，議定奏聞，蓋純本漢制也。

（乙）道德者萬古不變者也。【註二】法律既以道德爲立足點，故亦恆久不變。清律幾全襲明律，明律則襲唐律，而變更其面目。（卽以六部分類）宋刑統，目錄與唐律微有分合，內容幾無一字之差。唐律亦全襲隋開皇律於開皇律，除五十三條。又以格五十三條入律，餘無改正。隋律源出北齊律，惟條數減其一半。計自北齊至清，約一千四五百年，大體相同。李悝法經，今雖久佚，然止六篇，文必甚簡，意必全數盡入唐律

中，今不可考矣。【註二】

【註一】道德不變之說，儒家主之，然道家頗有異說。莊子：彼亦一是非，此亦一是非。關尹子：古今之俗不同，東西南北之俗不同；至於一家一身之善又不同。

【註二】漢學堂叢書中，有李悝法經六篇，全抄唐律，一字不改；蓋僞書中之最拙劣者。

第五章　律家

班志謂法家者流，出於理官，所著錄凡十家，二百七十篇。李子三十二篇，商君二十九篇，申子六篇，處子九篇，愼子四十二篇，韓子五十五篇，游棣子一篇，鼂錯三十一篇，燕十事十篇，法家言二篇；今存者惟商君書及韓非子。此外申子尙有採輯本，餘皆失傳。蓋戰國之季，爲法學最盛之時代。秦用商鞅，盡變三代成法，秦遂以亡，至於其身，亦卒不免，世論非之。及漢之興，文帝好黃老之術，武帝表章六經，罷黜百家。自玆以往，而法家遂微。雖然，自漢以後，亦非無治法家者言者也。南齊書崔祖思傳，謂漢來治律有家，子孫並世其業，聚徒講授，至數百人。其可考者，如南陽杜氏父子：杜周稱大杜，杜延年稱小杜。當時有「小杜律」之名。泰山鄭氏兄弟，皆西漢時人，東漢則潁川郭氏，藝文類聚，引華嶠後書，稱郭氏家世掌法，凡爲廷尉者七人。河南吳氏，三世廷尉，爲法名家。沛國陳氏，亦三世明法。長社鍾氏，門生千有餘人。魏之鍾繇、鍾會皆繼其父業。此其最著者。其他講刑名之學，見於各傳者，尚有數十人。蓋漢時律學之盛如此。文苑英華引沈約授蔡法度廷尉制，謂漢之律書，出於小杜；唐六典稱晉續咸修陳杜律；陳、謂沛國陳氏也。晉志：漢時律令，錯糅無常，後人生意，各爲章句。叔孫宣、郭令卿、馬融、鄭玄諸儒章句，十有餘家，家數十萬言，凡七百七十三萬二千二百餘言。今漢書注中，時引律說，此卽唐律疏義之所本也。魏志衞覬傳：覬奏曰：「九章之律，自古所傳，斷定刑罪，其意微妙。百里長吏，皆宜知律，請置律博士，轉相教授。」事遂施行，晉初律學猶盛，終晉之世，律分兩派。有張斐一派；隋志：漢晉律序注一卷，雜律解二十一卷，張斐撰；唐志：張斐律解二十卷，是也。有杜預一派；隋志：律本二十一卷，杜預撰；梁有杜預雜律七卷，是也。律本至宋初猶存，太平御覽尙引之，今不可考矣。律學之衰，蓋自東晉始。文選干寶晉紀總論注引王隱晉書云：「諭經禮者謂之俗生，說法理者名爲俗吏。」蓋當時上下以淸談相尙，不崇名法。梁武修律，物色久之，始得蔡法度，以爲删定郎，使修梁律；然梁書不爲立傳，則其人蓋亦無足道者。北朝尙知修明律學；然律家亦不多見。惟北齊渤海封氏，以律名家。北齊律實成於其手；卽今日所傳唐律之藍本也。隋唐以後，唐尙詞章，宋尙道學，明尙制藝，淸初考據之學最盛，然講學者甚希。紀文達編纂四庫全書，政書類法令之屬，僅收二部，存目僅收五部。其按語則謂：「刑爲盛世所不能廢，而亦盛世所不尙，所錄略存梗概，不求備也。」是雖紀氏一人之私言，而實可以代表宋、明以來士大夫之心理。唐書藝文志所載古律，無慮數十種，大體完備，宋志則無一著錄。蓋南渡以後，中原淪於胡虜，儒者以讀書爲玩物喪志，講性理，作語錄，卽盡一生之能事，遂至先民著述，歷代古籍，多於是時淪亡，是則可哀也夫。

第二篇　律令

第一章　律與令之別

爾雅釋詁：令、告也；說文：令、發號也；釋名：令、領也，領理之使不得相犯也；賈誼新書：天下之言曰令；文選注引風俗通：時王所制曰令。

令與律之別，漢書宣帝紀注、天子詔所增損，不在律上者爲令。史記杜周傳：前主所是著爲律，後主所是疏爲令，此一區別也。御覽引杜預律序，律以正罪名，令以存事制。唐六典：律以正刑定罪，令以設範立制。鹽鐵論：春夏生長。聖人象而爲令；秋冬殺藏，聖人則而爲法。此又一區別也。

第二章　上古及三代

唐虞以前，有無法律，頗爲可研究之一疑問。管子任法篇：故黃帝之治也，置法而不變，使民安其法者也，淮南子：黃帝治天下，法令明而不闇。書鈔引太史公素王妙論：黃帝設五法，布之天下。漢書胡建傳尙引黃帝李法曰：壁壘已定，穿窬不繇路，是謂姦人，姦人者殺。據以上諸書。是中國之有法律，蓋始於黃帝。路史言：太昊氏明刑政。左傳郯子言：少皞氏設刑官。通鑑前編外紀，並載有太昊、神農、黃帝、顓頊之刑官。有官必有法；特古時法令簡質，不若後世之繁。書缺有間，不可考矣。（羣輔錄、風后受金法。注、宋均曰：「言能決判是非也。」風后爲黃帝七輔之一，此黃帝時有法律之證。）

漢晉人多主張造律始於皋陶。漢書張敏傳：皋陶造法律，原其本意，皆欲禁民爲非。急就篇：皋陶造獄法律存。類聚引風俗通云：咎、陶、謨、虞始造律。御覽引傅子云：律是咎、繇遺訓。考竹書紀年：帝舜三年，命咎、陶作刑。左傳昭十四年，夏書曰：「昏墨賊殺，皋陶之刑也。」此則並有條文可考。然據竹書似皋陶造律在舜時。而國語、展禽曰，堯能單均刑法、以儀民。春秋元命苞，堯得臯陶，聘爲大理。似又在堯時。古書荒渺，莫能詳也。路史後紀亦云：乃立犴獄，造科律，聽獄執中，爲虞之世，而天下無寃民；封之於臯，是曰臯陶。此主舜時之說也。通鑑前編，帝堯七十有六載制五刑。此主堯時之說也。然呂氏春秋云：臯陶作刑，文子：臯陶喑而爲大理，天下無虐刑。是漢以前，亦有主是說者。沈氏律令考論之曰：黃帝有李法，似律書非始於臯陶。而漢人多云臯陶造律者，殆臯陶以律名歟。

夏時法律不可考。書胤征：政典曰：「先時者殺無赦，不及時者殺無赦。」孔傳：政典、夏后爲政之典籍。然胤征係古文尚書，不足信也【註一】唐律疏義引尚書大傳，夏刑三千條；隋志亦云：夏后氏正刑有五，科條三千。未知其說所本。周禮司刑注：夏刑大辟二百，臏辟三百，宮辟五百，劓墨各千，此三千之數也。揚子法言曰：夏后肉辟三千。蓋約略言之。御覽引風俗通云：夏禹始作肉刑。其說非是。肉刑不始於禹也，臯陶作律，禹承而用。左傳昭十四年：昏墨賊殺，臯陶之刑也，引作夏書。此可爲禹用臯陶法之證。夏制之可考者，僅其贖罪之法。史記平準書注引尚書大傳云：夏后氏不殺不刑，死罪罰二千饌。馬融曰：饌、六兩。路史後紀：夏后氏罪疑惟輕，死者千饌，中罪五百，下罪二百，此其大略也。逸周書載：禹之禁，春三月，山林不登斧，以成草木之長，入夏三月，川澤不網罟，以成魚鼈之長。此夏時之禁令也。

【註一】古文尚書之不足信，閻百詩論之詳矣。然亦必有所本，非盡嚮壁虛造。毛西河古文尚書冤詞，則信之太過矣。

商時成湯代夏受命，有無改造法律，亦一疑問。呂氏春秋引商書曰：刑三百，罪莫重於不孝。高誘注：商湯所制法也。竹書紀年：祖甲二十四年，重作湯刑。曰重作，似本有湯刑，而祖甲修改之也，左傳：商有亂政，而作湯刑。沈氏律令考，以爲更在祖甲之後，是湯刑凡數次修改也。書康誥：茲殷罰有倫。疏：衞居殷墟，又周承於殷後，刑書相因，故兼用其有理者。謂當時刑書或無正條，而殷有故事可兼用，若今律無正條，求故事之比也。又罰蔽殷彝，傳、其刑罰斷獄。用殷家常法。夫至周初，康叔治殷民，猶用殷法，則殷之有法律明矣。書序：咎單作民居；馬融曰，咎單湯司空；明居、民之法也。（民、史記作明。）則不特有刑法，且有民法矣。竹書紀年：湯二十五年，初巡狩，定獻令。逸周書王會篇。有四方獻令。玉海引帝王紀：湯令未命之爲士者，車不得朱軒及有飛軨，不得乘飾車駢馬，衣文繡，命然後得，以順有德。是殷時不特有法，且有令矣。

殷時有法律，已無可疑。其內容如何？書伊訓：制官刑，儆于有位。至臣下不匡其刑墨。似即官刑之條文。古文尚書雖不可盡信、然亦必有所本。舜典：鞭作官刑。則官刑本不始於湯，似尚可信。王制：刑人于市，與衆棄之。陳注：殷法、貴賤皆刑于市。此即秦漢棄市之制所本。王制一篇先儒多以爲殷制，其中「言僞而辨，學非而博，以疑衆殺」一段，或即殷之律條，今不可考。漢書董仲舒傳：殷人執五刑以督姦，傷肌膚以懲惡。大學衍義補論之曰：「商之刑制，不見於經傳。觀伊尹之稱湯曰：代虐以寬，民其允懷。則漢史所謂用刑罰以督姦，慘肌膚以懲惡者，必非商家之法也。學者惟當信經而已。」韓非子：殷之法刑棄灰於街者，子貢以爲重，問之仲尼，仲尼曰：「知治之道也，夫棄灰於街，必掩人，掩人人必怒，怒則鬬，鬬必三族相殘也，此殘三族之道也，雖刑之可也。」又云：殷之法棄灰於公道者斷其手，王應麟困學紀聞論之曰：「以商鞅之法爲殷法，又託於仲尼，法家之侮聖言如此，均不足據也。」

周自文王時卽已有法，左傳昭七年，周文王之法曰，有亡荒閱。（註：荒、大也，閱、蒐也，有亡人當大蒐。）管子：周鄭之禮移，則周律廢矣。漢志有周法九篇，是周有律也。左傳：文十八年，在九刑不忘。孔疏：謂之九刑，必其諸法有九，而九刑之書今亡，不知九者何謂。逸周書嘗麥解：「維四年孟夏，王命大正，正刑書，太史筴刑書九篇。」此蓋成王之四年。大正法司寇也，正修改之謂，是成王時又修改一次，仍九篇也。竹書紀年：穆王五十一年作呂刑，命甫侯于豐。書序，穆王訓夏贖刑，作呂刑。史記：諸侯有不睦者，甫侯言於王，作修刑辟，命曰甫刑。左傳、周有亂政。而作九刑。言亂政則必在叔季之世，是周律在穆王時，又修改一次，加入贖刑，遠仿夏制，而仍係九篇也。周禮：司刑掌五刑之法，墨罪五百，劓罪五百，宮罪五百，刖罪五百，殺罪五百。（注、此二千五百罪之目略也。）其刑書則亡。呂刑：五刑之屬三千，是增入五百，此修改之迹也。困學紀聞云：五刑之屬三千，穆王雖多五百章，而輕刑增，重刑減。班固以周禮爲中典，甫刑爲重典非也。周禮春官：內史執國法及國令之貳，御史掌邦國都鄙及萬民之治令。是周不特有律、且有令也。

周禮載周法制極詳，如大宰之八法八則，小宰之八成，大司寇之三典，小司寇之八辟五禁，而秋官一職，周時刑法，大略可見。邱濬大學衍義補曰：成周之世，未有律令之書，凡秋官司寇所設之官屬，所掌之刑禁，即後世法律之條件也。沈氏律令考曰：周代律令之書，今不傳耳。左傳明言作九刑，逸周書明言正刑書，不得云未有也。明人多不讀書，其立論恆失之臆斷，不自知其陋也。周禮一書，是否僞書，抑當時議而未行之書，先儒未有定說，然必在秦以前。考成周之制者，固舍此無由也。全書俱在，茲略之。

封建時代，諸侯各自立法，猶今日聯邦之各有民刑法也。左傳祝佗言：「魯衞之封，皆啓以商政，晉之封啓以夏政。」蓋各因其風俗，開用其政，不強以用周法也。故當時列國，各自有法，其可考者，如晉有常法（左傳文六年，）有被廬之法（僖二十七年，）有刑鼎（昭二十九年，）此晉之法也。鄭有刑書（昭六年，）竹刑（定四年，）列子：子產執政，作竹刑，鄭國用之。此鄭之法也。楚有僕區法（昭七年。）韓非子載：楚國法，太子不得乘車至第門。史記屈原傳，懷王使屈原造爲憲令。是楚有法，兼有令也。管子：「昔吾先王，世法文武，設象以爲民紀。」注、韋昭曰：設教象之法於象魏，是齊有法也。說苑：衞國之法，竊駕君車罪刖，是衞有法也。禮記：邾婁定公時，有殺其父者，公瞿然避席曰：「寡人嘗學斷斯獄矣，臣殺君，凡在官者殺無赦，」云云，是邾有法也。公羊：僖十九年，梁亡：注，梁君隆刑峻法，一家犯罪，四家坐之；是極小之國如梁，猶有法也。史記：龐涓以刑法斷孫臏之兩足而黥之。魏策憲之上篇曰：子弒父，臣弒君，有常刑不赦；國雖大赦，降城亡子，不得與焉；是魏有法也。

第三章　法經及秦律

春秋、戰國時，諸侯各自有法，至李悝而集其大成。晉志：秦漢舊律，其文起自魏文侯師李悝。悝撰次諸國法，著法經，以為王者之政，莫急於盜賊，故其律始於盜賊，盜賊須劾捕，故著囚、捕二篇。其輕狡、越城、博戲、借假、不廉、淫侈、踰制，以為雜律一篇。又以具律具其加減，是故所著六篇而已，然皆罪名之制也。商君受之以相秦。唐律疏義：賊衰刑重，戰國異制，魏文侯師於李悝，集諸國刑典，造法經六篇；一盜法，二賊法，三囚法，四捕法，五雜法，六具法。

【註一】考史記、孟子、荀卿列傳：魏有李悝，盡地力之敎。漢書食貨志述李悝盡地力之事甚詳。而法經則無述之者。漢志有李子三十二篇，當卽此人。隋志已不著錄，蓋其亡久矣。

【註一】賊盜二字，義本不同，故法經分爲二篇。左傳文十八年，周公作誓命曰：「毀則爲賊，竊賄爲盜。」杜注：毀則，壞法也。昭四年，叔向曰：「殺人不忌爲賊。」大戴記：殺人而不戚也，賊也。說文：賊，敗也，敗，毀也，與毀敗之義合。盜，私利物也，二字初不相通。荀子：害良曰賊，竊貨曰盜。晉張斐律表：無變斬擊謂之賊，取非其物謂之盜。周禮朝士疏：盜謂盜取人物，賊，謂殺人曰賊。可見唐以前人，於此二字，區別甚明，絕不相蒙。玉篇廣韻：賊下，始有盜也，一訓，非古義也。自漢以來，皆名賊律、盜律。北齊始合二律爲一，曰賊盜。隋、唐因之，叛逆殺傷諸事，皆在其中。元於賊盜外，別立殺傷之目。明又改爲人命；蓋大失古律之本義矣。周禮士師掌士之八成，一曰邦汋，二曰邦賊，三曰邦諜，四曰犯邦令，五曰撟邦令，六曰爲盜邦，七曰爲邦朋，八曰爲邦誣，鄭司農云，八成者，行事有八篇，若今時決事比。此則李悝以盜、賊二法名篇，蓋有所本。

秦亦爲春秋諸侯之一，亦必自有法律。史記秦本紀：文公二十年，法初有三族之罪。此可證衛鞅變法以前，秦本自有法律也。唐六典注：商鞅傳法經，改法爲律，以相秦，增相坐之法，造參夷之誅，大辟加鑿顚、抽脅。鑊烹、車裂之制。似秦以法經爲律，當在變法以後，所謂改法爲律者，即改盜法、賊法、囚法、捕法、雜法、具法，爲盜律、賊律、囚律、捕律、雜律、具律也。然鞅亦不純用法經。據史記商君傳：以衛鞅爲左庶長，卒定變法之令，令民爲什伍而相收司連坐，不告姦者腰斬，告姦者與斬敵首同賞，匿姦者與降敵同罰，民有二男以上不分異者倍其賦。李斯傳：商君之法，刑棄灰於道；注棄灰於道者黥。新序：衛鞅內刻刀鋸之刑，外深鈇鉞之誅，步過六尺者有罰，棄灰於道者被刑。如此之類，皆鞅所創，法經原無此條也。

始皇本紀：秦初并天下，丞相綰、御史大夫劫、廷尉斯等，皆曰，昔者五帝地方千里，其外侯服夷服，諸侯或朝或否，天子不能制，今陛下平定天下，海內爲郡縣，法令由一統，自上古以來未嘗有，五帝所不及。李斯傳亦云：明法度，定律令。蓋始皇既吞并六國，統一天下，意當時必有統一法令之書，今皆不可考。始皇紀：言欲學法令者以吏爲師。蕭相國世家：沛公至咸陽，諸將皆爭走金帛財物之府分之，何獨先入收秦丞相御史律令圖書藏之。是秦之有律有令明矣。

始皇紀云：二世遵用趙高，申法令。李斯傳云：二世更爲法律。鹽鐵論：秦法繁於秋荼，而網密於凝脂。是二世時，又曾修訂律令一次，意必法網深密。此漢高所以除秦苛法而兆民大悅也。【註二】

【註二】漢初雖除秦苛法，及定天下，十之七八均襲秦制。九章之前六篇，即法經也。刑名亦略與秦同。漢書惠帝紀：四年除挾書律。注、張晏曰：秦律，敢有挾書者族。應劭曰，挾、藏也。此即始皇紀所謂敢有藏詩書百家語者，悉詣守尉雜燒之是也。此律終高祖時未廢，他可知矣。其餘漢律沿用秦律者，尤不可指數，當於後詳之。

第四章 兩漢

第一節 漢律

第一項 九章律

九章律漢人謂之正律。漢志：相國蕭何，攈摭秦法，取其宜於時者，作律九章。晉志：漢承秦制，蕭何定律，除參夷連坐之罪，增部主見知之條，益事律興、廄、戶三篇，合爲九章。是九章爲蕭何所造，卽就法經加入興、廏、戶三篇，別稱事律。後漢書安帝紀注，謂漢律今亡。隋志亦云，漢律久亡。是唐人已未見其書。然史記索隱尚引崔浩漢律序，陳書沈洙傳尚引漢律，則六朝末此本尙存也。敍傳：漢九章法，太宗改作。蓋九章原係肉刑，文帝除肉刑改用笞，故云改作。唐律疏義、唐六典均云，蕭何加悝所造戶、興、廐三篇，謂之九章。其是否全襲法經之舊，抑稍有更改之處，今不可考。

(一)盜律　盜律中律目之可考者如左：

(甲)刼略　刼、似卽强盜，略、似卽唐律之略人。今唐律彊盜、略人，均在賊盜律中。

(乙)恐猲　王子侯表：嗣葛魁侯戚，坐縛家吏，恐猲受賕，棄市。注，猲、以威力脅人也，全唐律恐猲取人財物，亦在賊盜中。

(丙)和買賣人　光武紀：詔吏人遭饑亂，及爲青徐賊所略爲奴婢下妻，欲去留者恣聽之。敢拘制不還，以賣人法從事。今唐律和同相賣，亦在賊盜律中。

(丁)受所監受財枉法　刑法志：吏坐受財枉法。注、謂曲公法而受賂者也。監，謂監臨。今唐律監主受財枉法，在職制律。【註一】

【註一】沈氏漢律摭遺，以受所監與受財枉法爲二，恐非。

(戊)勃辱強賊　廣雅：勃、懟也。強賊固可懟，已就拘執，卽應送官。今不送官，自行毆辱，是謂專擅。故魏以此條改入興擅律。

(己)還贓畀主　唐律諸以贓入罪，正贓見在者還主。注、官物還官，私物還主。

以上律目，均見晉志。其盜律佚文之可考者，尙有數條，略舉於左：

(甲)行言許受財　公羊：宣元年何注由律行言，許受賂也。宣十年，疏：引漢律，行言許受財，以受財爲是。蓋卽贓未入手之類。今唐律無此條。

(乙)諸爲人請求於吏以枉法，而事已行爲。聽行者。皆爲司寇　恩澤侯表注：如淳引律如是。注、有人私請求而聽受之，此係不受財之請求，故其律輕。唐律：諸有所請求者，笞五十，已施行者各杖一百。在職制律。

(丙)主守而盜直十金，棄市　陳萬年傳注：如淳引律如是。史記平準書注，漢以一斤爲一金，又云黃金一斤直錢萬。漢書各傳所載以主守盜十金被罪者甚多。（如薛宣、馮野王、翟義、匡衡諸傳。）唐律、主守自盜，加凡盜二等，三十匹，絞。

(丁)盜宗廟服御物者棄市　史記張釋之傳：引律如是。尙書微子正義引漢魏律云：敢有盜郊祀宗廟之物，無多少皆死。

(戊)敢盜乘輿服御物　蔡邕獨斷：引律如是。唐律有盜大祀，神御物，而盜乘輿服御物則在盜御寶律內。

其雖無佚文可考，而爲漢制所有，應入於盜律者，尙有數則，彙錄之如左：

(1)盜武庫兵，棄市。鹽鐵論，亦可謂盜武庫兵而殺之乎？白帖引董仲舒春秋決獄曰：甲盜武庫兵，當棄市乎？水經注：成帝鴻嘉三年，廣漢子鉗盜庫兵，伏誅。據三輔黃圖，武庫在未央宮，蕭何造以藏兵器者也。

(2)盜官物棄市。魏志鮑勛傳：郭夫人弟爲曲周縣吏，斷盜官布，法應棄市。

(3)盜馬、盜牛。鹽鐵論，盜馬者死，盜牛者死。

(4)盜傷與殺同罪。亦見鹽鐵論。唐律：强盜傷人，亦斬罪也。

(5)持質。晉志：漢科有持質。趙廣漢傳：橋玄傳、魏志夏侯惇傳，均載漢持質事。是此風漢時最盛。唐律執持人爲質者皆斬。

(6)通行飲食。陳忠傳、至於通行飲食，罪至大辟。注：猶今律過致資給，與同罪也。尹賞傳：捕長安中輕薄少年惡子數百人，皆劾以通行飲食羣盜。蓋謂指授道途，資給盜糧，卽明律所謂窩主也。

(二)賊律　賊律中律目之可考者，如左：

(甲)欺謾　張斐律表，違忠欺上，謂之謾。王子侯表及功臣表中，坐犯此罪者不乏其例。朱博傳：欺謾半言斷頭矣。知欺謾有處至死刑者。

(乙)詐僞　張斐律表：背信藏巧謂之詐，與欺謾有別。唐律疏義：詐僞律者，魏分賊律爲之。歷代相因，迄今不改。

詐僞包含甚廣，以漢書考之，下列各條，均應在詐僞之內。

(1)詐取　功臣表：孝景六年嗣侯楊毋害，坐詐紿人臟六百免。元狩元年嗣侯鄖平，坐詐衡山王取金免。今唐律詐欺官私取財，亦在詐僞律中。

(2)詐官　詳見田廣明傳、魏相傳。今唐律詐假官亦在詐僞律中。

(3)詐疾　功臣表：嗣侯韓釋之，元朔四年，坐詐疾耐爲隸臣。此外幷散見吳王濞、龐參、何敞諸傳。今唐律詐疾病有所避，亦在詐僞律中。

(4)非正　恩澤侯表：嗣平周侯丁滿、嗣汝昌侯傅昌、均坐非正免。今唐律非正嫡，詐承襲，亦在詐偽律中。

(丙)踰封　李悝法經雜法有踰制。漢入於賊律，似於法經稍有更改，今不可考。宣紀注引律曰：非如封十減二。意者卽其條文歟。

(丁)矯制　馮奉世傳：漢家之法有矯制。注：擅矯詔命，雖有功勞、不加賞也。功臣表注，如淳引律：矯詔大害，要斬；有橋詔害，矯詔不害。

(戊)賊伐樹木　周禮地官封人疏，漢時界上有封樹，百官志注引漢官曰：樹栗、椅、桐、梓，蓋漢時道側植樹，有砍伐者必罪之。

(己)殺傷人畜產　唐律，賊盜有盜官私牛馬殺，卽沿漢律。淮南子注：法禁殺牛，犯之者誅。魏志、陳矯傳：曲周民，父病，以牛禱，縣結正，棄市。是漢時殺牛罪至棄市也。

(庚)諸亡印　今唐律亡失符印，求訪則入雜律。

(癸)儲峙不辦　孫寶傳設儲待。注，謂豫備器物也。百官表：嚴青翟坐竄太后喪不辦，免。

(壬)但以言語及犯宗廟園陵　今唐律指斥乘輿則在職制律中，惟盜園陵內草木，仍在賊盜律。

以上律目均見晉志，其賊律佚文之可考者：略舉如左：

(甲)大逆不道，父母妻子同產皆棄市。　景帝紀注，如淳引律。

(乙)殺不辜，一家三人爲不道。　翟方進傳注，如淳引律唐律十惡不道，注、謂殺一家非死罪三人。

(丙)敢蠱人及教令者棄市。　周禮秋官注引漢賊律，唐律造畜蠱毒，亦在賊盜。

(丁)立子姦母見乃得殺之。　公羊桓六年注、引律，疏云，猶言對子姦母。

(戊)鬬以刃傷人，完爲城旦，其賊加罪一等，與謀者同罪。　薛宣傳引律。唐律，鬬故殺用兵刃，則在鬬訟。

（巳）無故入人室宅廬舍，上人車船，牽引人欲犯法者，其時格殺之無罪。周禮秋官疏引鄭司農舉漢賊律。唐律・夜無故入人家亦在盜賊。漢多上人車船一層，唐無之。唐限於夜，與漢不同。

（庚）過失殺人不坐死。周禮秋官注引律。唐律諸過失殺傷人者，以贖論在鬬訟。

其雖無佚文可考，而爲漢律所有，應入於賊律者，彙錄之如左：

（1）不道　唐律疏義：漢制九章，雖幷烟沒，具不道不敬之目見存。原夫厥初，蓋起諸漢。張斐律表：逆節絕理，謂之不道。漢書各傳以不道誅者，不可指數。史記酷吏傳：獄久者至更數赦，十有餘歲而相告言。大抵盡詆以不道。陳湯傳亦云：不道無正法，以所犯劇易認罪，不道不敬，皆無正法。故議者易於比附，此漢制之可議者。

（2）大不敬不敬　張斐律表：虧禮廢節，謂之不敬。唐律：十惡：五曰不道，六曰大不敬。

（3）誹謗妖言　路溫舒傳：秦之時，正言者謂之誹謗，遏過者謂之妖言。漢承秦制，高后、文帝皆有除誹謗妖言之命，而哀帝時又除誹謗法。魏志崔琰傳注：引魏略：太祖以爲琰腹誹心謗，乃收付獄。是此法終漢世未除。

（4）謀殺　張裴律表：二人對議謂之謀。恩澤侯表、王子侯表、功臣表中，皆有坐謀殺人者。知漢律謀殺與故殺有別。唐律謀殺人亦在滅盜。

（5）鬭殺及戲殺　張裴律表：兩訟相趣謂之鬭，兩和相害謂之戲。急就篇：變鬭、殺傷、捕伍鄰。刑法志亦有賊鬭殺人之語。疑漢時尚無故殺之名。或曰鬭殺，或曰殺實，實則卽唐律之故殺也。唐律，故殺，戲殺，均人鬭訟。

（6）殺繼母　通典：漢景帝時廷尉上囚防年繼母陳論殺防年父，防年因殺陳，依律殺母以大逆論。帝疑之。武帝時年十二爲太子，在旁，帝命問之。太子答曰：「夫繼母如母，明不及母；緣父之故，比之於母。今繼母無狀，手殺其父，則下手之日，母恩絕矣，宜與殺人同，不宜與大逆論。」從之。

按此例至魏已改，晉志、正殺繼母與親母同，防繼假之隙也。

(7)保辜　公羊襄七年注：告者保辜，辜內當以弒君論之，辜外當以傷君論之。疏：漢律有其事。急就篇，顏注：保辜者，各隨其狀輕重，令毆者以日數保之，限內至死，則坐重辜也。唐律：保辜入鬭訟。

(8)發墓　淮南子：天子縣官法曰，發墓者誅。今唐律發冢，亦在賊盜。

(三)囚律　囚律中律目之可考者，如左：

(甲)詐僞生死　今唐律：詐病、死傷不實、入詐僞。

(乙)告劾　尙書呂刑正義：漢世斷獄謂之劾。說文：女部引漢律，婦告威姑，所定何罪，今不可考。唐律無之。晉志、魏分囚律爲告劾律。

(丙)傳覆　傳謂逮捕，覆謂審察。

(丁)繫囚　漢世有頌繫之制。景帝三年著令：年八十以上八歲以下及孕者未乳，師侏儒，當鞠繫者頌繫之。按頌者容也，言見寬容，見如淳注。

(戊)鞫獄　尙書呂刑疏：漢世問罪謂之鞫。周禮小司寇注：讀鞫，已、乃論之。朝士注：辭訟有劵書，爲治之。又云：徒論決，漢三月。不得乞鞫。

(己)斷獄　唐律疏義：斷獄律之名，起自於魏，魏分李悝囚法，而出此篇。

以上律目均見晉志，其佚文可考者如左：

(甲)諸囚徒私解脫桎梏，梏鉗赭加罪一等；爲人解脫與同罪。義縱傳注：服虔引律如是。今唐律入斷獄，文小異。

(乙)與罪人交關三日已上，皆應知情。孔融傳引律。

(丙)死罪及除名罪證明白考掠已至，而抵隱不服者，處當列上。陳書沈洙傳引漢律。今唐律有：考囚，限滿，不首。

(丁)有故，乞鞫。史記夏侯嬰傳注：鄧展引律。

(戊)囚以飢寒而死、曰瘐。宣帝紀注：如淳引律。此疑律註，非律文也。

(己)十二月立春，不以報囚。章帝紀引律。唐律：立春不決死刑，入斷獄。

其雖無佚文可考，而爲漢律所有，應入於囚律者，彙錄之如左：

(1)故縱故不直　功臣表注，出罪爲故縱，入罪爲故不直。史記始皇本紀：適治獄不直者築長城。蓋本秦律。唐律：官司出入人罪，入斷獄。

(2)書罪　周禮秋官注：揭頭明書其罪法。疏：明用刑以板書其姓名及罪狀著於身。漢書李燮傳：漢書帛於其背。惠棟後漢書補註：賈山云：衣赭衣，書其背。漢之罪人如此。

(3)篡囚　王子侯表：攸輿侯則，坐篡死罪囚，棄市。唐律：劫囚入賊盜。

(4)考竟　釋名：獄死曰考竟。考，得其情，竟其命於獄也。

(四)捕律　捕律，律目無考，其佚文可考者。說文豸部引漢律，能捕豺貀購百錢。集韻引漢律，捕虎購錢三，其豹半之。據爾雅郭註引晉律，捕虎一，購錢三千。其豹半之。知虎下落一字。三下落千字。然此捕律主要內容也。據晉志有「捕亡亡，沒爲官奴婢」之文，知漢制軍士逃亡者，妻子沒爲官奴婢。論衡：漢正首匿之罪，制亡從之法。梁統傳：武帝軍役數興，豪傑犯禁，姦吏弄法，故重首匿之科。漢書諸表坐首匿罪者甚多。知捕律中應有「首匿」之條。唐律：知情、藏匿罪人，亦在捕亡。

(五)雜律　雜律律目之可考者如左：

(甲)假借不廉　功臣表：陳信坐不償人債過六月免。今唐律：負債、違契不償，亦在雜律。

王子侯表：旁光侯殷、陵鄉侯殷、皆坐取息過律免。周禮秋官注：若今時加貴取息，坐臧。疑皆當入假借不廉中。

(乙)輕狡

(丙)越城

(丁)博戲　史記貨殖傳：掘冢搏掩，犯姦成富。功臣表：嗣侯張拾、蔡辟方坐搏揜完爲城旦。注，師古曰：搏，或作博，一曰六博也；揜，意錢之屬也，皆謂戲而取人財也。

(戊)淫侈　其可考者，如周禮春官注引漢律：列侯墳高四丈，關內侯以下至庶人，各有差。功臣表：嗣武原侯不害，坐葬過律，免。又嗣祝阿侯高成，坐事國人過律，免。皆淫侈之類也。

以上假借不廉一條，係出晉志，餘四者均李悝雜律。沈氏寄簃文存云：李悝雜律爲輕狡、越城、博戲、假借、不廉、淫侈、踰制。漢賊律之踰封、矯制，即雜律之踰制。此與李悝不同。其餘假借、不廉，仍在雜律，則輕狡、越城、博戲、淫侈四者，亦當與李悝同。茲從之。此外佚文之可考者，如左：

(甲)三人以上，無故羣飲酒，罰金四兩。文帝紀注：文穎引律。

(乙)齊人與妻婢姦，曰姘。說文：女部引漢律。段注：禮，士有妾，庶人不得有妾，故平等之民與妻婢私合，有罰。桂註：齊當爲齋，謂齋日不近女。廣韻：齋與女交，罰金四兩，曰姘。二說未知孰是。

(丙)淫季父之妻曰報。左傳杜注引漢律。晉志：姦伯叔母，棄市。漢無考。

其雖無佚文可考爲漢律所有，應入於雜律者，彙錄之如左：

(1)不當得爲　昌邑王傳、蕭望之傳均有所不當得爲一語。考御覽引尚書大傳曰：非事之事，入不以道義，誦不祥之辭者，其刑墨。鄭玄注：非事而事之，今所不當得爲也。知此律其源甚古，唐律：不應得爲，亦在雜律。

(2)諸姦　姦亦輕狡之一。疑漢律當入輕狡中。東觀漢記：利取侯畢守，坐姦人妻，國除。此和姦也。王子侯表：庸釐侯端、坐强姦人妻，會赦免。此强姦也。御覽引會稽典錄：有亭長姦部民妻者，縣言和。上意以吏姦民妻，何得言和。此即唐律之監主在監守內姦也。諸侯王表：常山王勃、坐憲王喪服姦，廢徙房陵。此即唐律之居喪姦也。

濟川王傳、燕王澤傳，尚有禽獸行罪名。唐律謂之內亂，入十惡。

(3)得遺物及放失六畜，持詣鄉亭縣廷，大物沒入公家，小物自畀。見周禮秋官注。唐律：得闌遺物，亦在雜律。

(六)具律　具律目之可考者僅一；即出賣呈是也。說文：呈平也。文選魏都賦注：程與呈通。冀州從事郭君碑：先民有呈。疑呈即程，蓋謂出賣之程式也。未知然否：

具律佚文之可考者如左：

(甲)一人有數罪，以重者論之。　公羊莊十年何注引律。唐律二罪從重，入名例。

(乙)親親，得相首匿。　公羊閔元年何注引律。唐律：同居，相爲隱，入名例。

(丙)先自告除其罪。　衡山王傳引律。唐律：自首，入名例。

(丁)年未滿八歲八十以上，非手殺人，他皆不坐。　周禮秋官注引律。唐律老小廢疾入名例。沈氏漢律摭遺云：具律體裁，自應以刑制居先，而別條分列於後。此特就唐律名例推測，恐不盡然。晉志謂六篇皆罪名之制。又云：以具律具其加減。今漢刑制，別入刑制篇。於後詳之。

(七)戶律　戶律律目無攷，佚文可考者如左：

(甲)卒更有三，踐更，居更，過更。　史記：吳王濞傳注，引漢律。

(乙)年二十三，傅之疇官，各從其父疇學之；高不滿六尺二寸已下，爲疲癃。高帝紀注：如淳引律。

(丙)人出一算，算百二十錢；唯賈人與奴婢倍算。惠帝紀注：應劭引律。

(丁)民不繇，貲錢二十二。說文：貝部引漢律。段注：二十二當作二十三。漢儀注曰：七歲至十四，出口錢人二十，以供天子。至武帝時，又加口三錢以補車騎馬。論衡謝短篇曰：七歲頭錢二十三，亦謂此也。然則民不繇者，謂七歲至十四歲。

(戊)諸當占租者，家長身各以其物占，占不以實，家長不身自書，皆罰金二斤，沒入所不自占及賈錢縣官。昭帝紀注：如淳引律。

(己)漢中巴蜀廣漢，自擇伏日。類聚五、風俗通引戶律。

(庚)棄妻畀所齎。禮記雜記注：引律。

七出之制，始於漢。大戴禮記本命篇：婦有七去：不順父母去，無子去，淫去，妬去，有惡疾去，多言去，竊盜去。婦有三不出，有所取無所歸不去，與更三年喪不去，前貧賤後富貴不去。公羊莊二十七年何注略同。唐律，戶婚，雖犯七出，有三不去而出之者杖一百。疏義：七出者依令。疑漢當同。是七出三不去之文，皆載於漢令，今不可考矣。

其雖無佚文可考，而爲漢律所有，應入於戶律者如左：

(1)十傷二三，實除減半。 周禮地官鄭注：疏擧漢法以况。

(2)被災害什四以上。 成帝紀：詔郡國被災害什四以上，毋收田租。何武傳：坐郡中被災害什四以上免。唐律：部內旱澇、霜雹，亦在戶婚。

(八)興律、 興律，律目之可考者，如左：

(甲)上獄 無考

(乙)擅興繇役 唐律：擅興，有私使、丁夫、雜匠。

(丙)乏徭稽留 唐律：擅興，有徵人稽留，丁夫。雜匠、稽留。

(丁)烽燧　唐律：烽候不警入衞禁。

以上律目均見晉志，其佚文之可考者，如史記商君傳注，引律：降敵者，誅其身，沒其家。史記傅寬傳注，如淳引律：勒兵而守曰屯。又匈奴傳：知虜在前，逗留不進。注，孟康曰：律、語也。其雖無佚文可考，而爲漢律所有，應入於興律者，略舉如左：

(1)擅發兵　王莽傳：未賜虎符而擅發兵，厥罪乏興。注，師古曰：擅發之罪，與乏軍興，同科也。唐律：擅發兵，亦在擅興。

(2)擅棄兵　功臣表：嗣侯多卯擅棄兵還，贖罪，免。唐律：主將臨陣先退，入擅興。

(九)唐律　唐律，律目之可考者，如左：

(甲)告反逮受　魏志曹爽傳注：誣人以反，於法何應？主者曰，科律反受其罪。此本指魏律。漢律當同。沈氏漢律摭遺，分告反、逮受爲二。以告反爲告人造反，逮受爲逮治受罪，亦通。

(乙)乏軍之興　尚書正義，興軍征伐而有乏少，謂之乏軍興。晉志：乏軍，要斬。唐律乏軍興，入擅興。

(丙)上言變事　周禮夏官注，若今時上變事擊鼓。

(丁)驚事告急　魏汝漢律，以驚事告急，別爲驚事律。

以上律目，均見晉志。其佚文可考者，高帝紀注、引律：四馬高足爲置傳，四馬中足爲馳傳，四馬下足爲乘傳，一馬二馬爲軺傳，急者乘一乘傳。平帝紀注、引律。諸當乘傳及發駕置傳者，皆持尺五寸木傳信，封以御史大夫印章，其乘傳參封之。參三也，有期會累封兩端，端各兩封，凡四封也，乘置馳傳五封也，兩端各二，中央一也，軺車兩馬再封之，一馬一封也。此皆佚文之可考者。其雖無佚文可考，而爲漢律所有，應入於廐律者，略舉如左：

(1)關用傳出入　文帝紀：除關無用傳。景帝紀：復置諸關用傳出入。崔豹古今注：凡傳皆以木爲之，長五寸，書符信於上，又以一板封之，皆封以御史大夫印章，如今之過所也。周禮賈疏：過所文書，當載人年幾及物多少，至關至門，皆別寫一通。

（2）買塞外禁物　功臣表：嗣侯宋九坐買塞外禁物，免。唐律：共化外人，私相交易者，準盜論，入衞禁。漢制：馬高五尺六寸，齒未平，弩十石以上，皆不得出關；見景帝紀。又汲黯傳注，引漢律：胡市，吏民不得持兵器及鐵出關。其嚴如此。

第二項　其他諸律

（一）傍章　晉志：叔孫通益律所不及傍章十八篇。考司馬遷傳：叔孫通定禮儀，曹褒傳：叔孫通禮儀十二篇：論衡：高祖詔叔孫通制作儀品十六篇。所謂傍章，即漢儀也。禮樂志：今叔孫通所撰，禮儀與律令同錄，藏於理官。因其與律令同錄，故謂之傍章。

（二）越宮律　晉志：張湯越宮律二十七篇，唐律改稱衞禁。

（三）朝律　晉志：趙禹朝律六篇。唐律職制本此。

(四)尉律　見昭帝紀注、及說文敍。困學紀聞：尉律四十九類，書蓋已亡。

(五)酎金律　禮儀志注：酎金律文帝所加，以正月旦作酒，八月成，名酎酒。因合諸侯助祭貢金。

(六)上計律　見周禮春官典路注，武帝紀注。師古曰：計者、上計簿使也。郡國每歲遣詣京師、上之。考史記范睢傳：王稽拜爲東守，三歲不上計。漢蓋沿秦制。

(七)錢律　見史記將相名臣表。

(八)田律　見周禮秋官士師注。

(九)田租稅律　見史記將相名臣表。

(十)大樂律　見周禮春官大胥注，及百官志注。

第二節　漢令及科比

成帝紀：律令繁多，百有餘萬言，刑法志：律令凡三百五十九章。漢志：令甲以下三百餘篇。蓋漢令之繁如此。漢令成於何人之手，史無可考。賈誼傳：諸法令所更定，其說皆誼發之。鼂錯傳所更令三十章。是文帝、景帝時，皆曾修正一次也。漢令有令甲、令乙、令丙之別。宣帝紀注：如淳曰：令有先後，故有令甲、令乙、令丙。鼠璞云：漢令甲、令乙令丙，乃篇次也。

漢令之可考者：(一)功令，見史記儒林傳；注：卽今之學令。(二)金布令，見蕭望之傳。高帝紀注：師古曰：金布者令篇名，若今之倉庫令。(三)宮衞令，見張釋之傳注。(四)秩祿令，見文帝紀注。(五)品令，見百官公卿表注。(六)祠令，見文帝紀注。(七)祀令，見郊祀志注。(八)齋令，見祭祀志注。(九)公令，見何並傳注。(十)獄令，見百官公卿表注。(十一)箠令，見刑法志。(十二)水令，見兒寬傳。(十三)田令，見黃香傳。(十四)任子令，見哀帝紀。此外尙有挈令：如廷尉挈令，見張湯傳：光祿挈令，見燕刺王傳注，樂浪挈令見說文系部。

釋名：科，課也，課其不如法者，罪責之也。馮野王傳：一律兩科，張敏傳：輕侮之比。寖以繁滋，至有四五百科。漢科可考者，有持質，有登聞道辭，有考事報讞，有使者驗賂，有擅作修舍，有平庸坐贓，有投書棄市，均見晉志。

科之外有比。禮記王制注：已行故事曰比。刑法志注：師古曰：比、以例相比況也。高帝七年，詔：廷尉所不能決，謹具爲奏，傳所當比律令以聞。終漢之世，遂爲定例。

漢比可考者有三：(一)決事比，陳忠傳：忠奏上三十二條爲決事比，事皆施行。(二)死罪決事比，魏書刑罰志：于定國死罪決事比，三千四百七十二條。(三)辭訟比，東觀漢記鮑昱傳：昱奏定辭訟比七卷。

漢時去古未遠，論事者多傳以經義。鹽鐵論：春秋之治獄，論心定罪，志善而違於法者免，志惡而合於法者誅。食貨志：公孫弘以春秋之義繩臣下。五行志：呂步舒持斧鉞治淮南獄，以春秋誼專斷。藝文志有公羊、董仲舒治獄十六篇。蓋漢人家法如是，故其決獄，時有出於律之外者。姑舉數例以證之：雋不疑傳：始元五年，有一男子，乘黃犢車，建黃旐，衣黃襜褕，著黃冒，詣北闕，自謂衞太子，公車以聞。詔使公卿將軍中二千石雜識視，長安中吏民聚觀者數萬人。京兆尹不疑後到，此從吏收縛。或曰：「是非未可知。」不疑曰：「昔蒯聵違命出奔，輒拒而不納，春秋是之。衞太子得罪先帝，亡不卽死，今坐自詣，此罪人也。」遂送詔獄。大將軍霍光聞而嘉之曰：「公卿大臣，當用經術。」由是聲名重於朝廷。孔叢子：梁人取後妻，後妻殺夫，其子又殺之。梁相曰：「此子當以大逆論。」孔季彥曰：「昔文姜與殺魯桓，春秋去其姜氏，傳曰絕不爲親，禮也。絕不爲親，卽凡人爾。且夫手殺重於知情，知情猶不得爲親，則此下手之時，母名絕矣。方之古義，是子宜以非司寇而擅殺當之，不得爲殺母而論以逆也。」梁相從其言，此外以春秋治獄之例甚多，略之。

第五章 魏晉

第一節 魏之律令

魏自武帝時，卽不純用漢律。晉志：魏武帝乃定甲子科，又嫌漢律太重，故令依律論者，聽得科半，使從半減也。其可考者，如科禁酒，見徐邈傳；科禁內學及兵書，科禁長吏擅去官，均見常林傳注。【註一】

【註一】三國時均各立科條，蜀志伊籍傳：與諸葛亮、法正、劉巴、李嚴，共造蜀科。吳志孫登傳。嘉禾三年，裏定科令。是三國時蜀有蜀科，吳有吳科，不獨魏爲然。

唐六典注。魏命陳羣等，採漢律爲魏律十八篇，增漢蕭何律刼掠、詐僞、毀亡、告劾、繫訊、斷獄、請賕、驚事、償贓等九篇。【註二】劉劭傳、明帝卽位，劭與議郎庾嶷、荀詵等定科令，作新律十八篇【註三】

【註二】寄簃文存云，唐六典所載，以晉志核之D詐僞卽詐律，此外有留律、免坐律。留律志言別爲之，當不在正律之內，而免坐律亦魏所增，合前九篇，共得十篇。盜律、賊律、囚律、雜律，並有分出之事。具後改爲刑名，擅與當郎與律。是改定者凡六篇，仍其舊者止捕律、戶律二篇。除廄律一篇，改爲郵驛令不計外，合而計之，與十八篇之數相符。惟晉志言所定增十三篇，就故五篇合十八篇，核與前數不合。六典言魏增九篇，與十篇之數亦不合，未詳其故。

【註三】明帝頒定新律，魏志不載年月，綱目係於太和三年十月，未知何據。

晉志載魏新律序略一篇，論魏改律之事甚詳，茲節錄其大要於左：

（一）改漢具律爲刑名，列於第一。

（二）將盜律中關於刼略一部分，分出爲刼略律。

（三）將賊律、囚律中關於詐僞一部分，分出爲詐僞律。

（四）將賊律中毀亡一部分，分出爲毀亡律。

（五）將囚律、盜律中關於告劾一部分，分出爲告劾律。

（六）將盜律、興律關於繫訊及斷獄部分，分出爲繫訊律、斷獄律。

（七）將盜律中請賕一部分，分出爲請賕律。

（八）將盜律具律中關於擅之部分，並入興律，改稱擅興律。

(九)除漢之廄律，改稱郵驛令。

(十)以盜律、興律關於驚事部分，分出驚事律。

(十一)將盜律中還贓部分，分出爲償贓律。

(十二)別制免坐律。

以上皆律序所載修改漢律九章之大略。此外各條修改之處，如會赦及過誤相殺，不得報讎，正殺繼母與殺親母同。毆兄姊加至五歲刑，囚徒誣告人反，罪及親屬。正篡囚棄市之罪，改諸郡不得自擇伏日等。序中亦略及之。其餘與漢律無大出入。此外散見他書者，如「八議」入律始於魏，見唐六典注。官曹文案於紙縫上署記，謂之款縫，亦始於魏，見匡謬正俗。

魏律久佚，據晉志高堂隆傳云：時軍國多時，用法深重。任祖傳云：魏承秦漢之弊，法制苛碎。晉志亦云：陳羣、劉劭雖經改革，而科網本密。是當時已不滿人意。惟漢律過繁。序略稱十八篇於正律九篇爲增，於傍章科令爲省。其删削繁蕪之功。自不可沒也。

晉志：魏有郡令四十五篇。尙書：官令軍中令合百八十餘篇，皆久佚無攷。通典有魏武步戰令魏武船戰令。御覽有魏武軍策令及魏武軍令，疑卽軍中令也。此外書鈔所引，有魏武設官令、褒賞令選舉令。類聚有魏武明罰令。御覽有魏武內誡令，而書鈔所引，尤訛脫不可句讀。略之。

第二節 晉之律令

晉志：文帝爲晉王，患前代律令，本注煩雜。又叔孫、郭、馬、杜、諸儒章句，但取鄭氏，又爲偏黨，未可承用。於是令賈充定法律，典其事者凡十四人。就漢九章增十一篇，改舊律爲刑名法例，辨囚律爲告劾、繫訊、斷獄，分盜律爲請賕、詐僞水火、毀亡，因事類爲衞宮、違制，撰周官爲諸侯律，合二十篇，六百二十條，二萬七千六百五十七言。武帝紀：泰始四年正月景戌律令成。唐六典注：晉命賈充等十四人增損漢、魏律爲二十篇：一刑名，二法例，三盜律，四賊律，五詐僞，六請賕，七告劾，八捕律，九繫訊，十斷獄，十一雜律，十二戶律，十三擅興，十四毀亡，十五衞宮，十六水火，十七廐律，十八關市，十九違制，二十諸侯；凡一千五百三十條。（按此條數與晉志不合，未知孰是）【註二】

【註二】寄簃文存云：晉律就漢九章增定，故與魏律不同；無魏律之刼略、驚事、償贓、免坐四篇，而增法例、衞宮、水火、關市、違制、諸侯六篇，復漢之廐律一篇，而無四律。此增損之數也。

晉律行世最久。南齊書：江左相承，皆用晉世張杜律。溯自泰始四年，至梁武改律，凡二百三十七年。據隋書、梁命蔡法度定律，仍用張杜律本，陳則篇目條綱，一用梁法。是梁、陳之律，仍晉律也。推其原因，晉自文帝秉政，卽議改定律令，事在魏咸熙之初。從容坐論，凡歷六載，其時議律諸人，如羊祜、杜預，又皆一時之俊。晉書稱新律班於天下，百姓便之。是在當日，卽已衆論翕然也。

晉律傳世亦最久，至北宋猶存。御覽刑法部引其佚文甚多。金、元之亂，中原淪陷，遂至散佚，至可惜也。晉時註解晉律者有兩家。一爲張斐律解，唐志：張斐律解二十卷是也，晉志：有張斐律表，凡數千言，論法理甚詳。一爲杜預，隋志：律本二十一卷，杜預撰，是也。二書宋志均不著錄，蓋元初已亡。

晉律目見御覽者：如(1)詐僞將吏、(2)越武庫垣、(3)兵守逃歸家、(4)兄弟保人、(5)闌入宮殿門、(6)上變事、(7)露泄選舉、(8)謀發密事、(9)歐兄姊、(10)傷人、(11)僞造官印、(12)不憂軍事、(13)戲殺人、(14)越戍、(15)作穽、(16)走馬衆中【註二】、(17)挾天文圖讖，皆律目之可考者。

【註二】太炎文錄五朝法律索隱云：二律衆中走馬者二歲刑，因而殺人者死。自電車之作，往來凡軼，速於飛矢。日本一歲死電車道上者幾二三千人，將車者罰金 漢土舊法，賢於拜金之國遠矣。

唐六典注，晉命賈充等撰令四十篇：一戶、二學、三貢士、四官品、五員吏、六俸稟、七服制、八祠、九戶調、十佃、十一復除、十二關市、十三捕亡、十四獄官、十五鞭杖、十六醫藥疾病、十七喪葬、十八雜上、十九雜中、二十雜下、二十一門下散騎中書、二十二尚書、二十三臺祕書、二十四王公侯、二十五軍吏員、二十六選吏、二十七選將、二十八選雜士、二十九宮衞、三十贖、三十一軍戰、三十二軍水戰、三十三至三十八皆軍法、三十九四十皆雜法。是宋初尚存，其佚文散見通典、漢書注、宋禮志、南史、文選注、唐六典注、書鈔、類聚、初學記、御覽諸書者，納數百條。略之。

【註三】

【註三】詳見九朝律考。

第六章　南北朝

第一節　總論

自晉氏失馭，天下分爲南北，江左相承，沿用晉律。梁、陳雖名定新律，而享國日淺，禍亂相仍。又當時習尚，重黃老，輕名法。漢代綜核名實之風，於斯盡矣。北朝則異是，拓跋氏乘五胡之亂，跨據中原，太祖、世祖、高宗、高祖、世宗，凡五次改定律令。孝文用律變夷，其於律令，至躬自下筆，凡有疑義，親臨决之。考訂之勤，超越前代。齊律科條簡要，仕門子弟，嘗講習之。是故自晉氏而後，律分南北二支。南朝之律，至陳併於隋而其祀遽斬；北朝則自魏及唐，統系相承，迄於明、淸，猶守舊制。竊嘗推求其故，而知南朝諸律，實遠遜北朝。蓋當時佛、老之學盛行，柄國諸臣，又多優於詞章而疏於掌故。其泯焉澌滅，非偶然也。今唐、宋以來相沿之律，蓋屬北系。唐會要：武德元年、詔劉文靜與當朝通識之士，因隋開皇律令而損益之。是唐本於隋也。隋志：隋律多採後齊之制，而頗有損益。是隋本於北齊也。齊律據崔昂傳：謂校正古今，所增損十有七八。是雖兼採諸律，然以篇目證之，知其仍以魏律爲藍本也。而魏律以魏書考之，嚴不道之誅，重誣罔之辟，大率沿用漢律，不盡襲魏、晉之制。蓋魏律出於崔浩、高允之手。史記索隱有崔浩漢律序，高允史稱其好春秋、公羊。蓋治董仲舒、應劭、公羊決獄之學者，故知其源出漢律也。

第二節　宋及南齊

宋及南齊，均沿用晉律。宋書不載改律之事，隋志亦未及之。以南齊書孔稚圭傳考之，知兩朝皆承用晉律。不特律而已，卽晉令亦承用之。觀隋、唐兩志，不錄宋、齊之令可證也。宋書孝武紀，太明七年，詔省律令。所省何事，今不可考。又劉秀之傳：民殺長吏科，議者謂値赦宜徙送，秀之以爲律文雖不顯民殺官長之旨，若値赦但止徙送，便與悠悠殺人，曾無一異，民敬長官，比之父母，行害之身雖遇赦，謂宜長付尙方，窮其天命，家口補兵。從之。據此知晉律、民殺長吏，本同凡論，加重之科，自宋始也。王宏傳：王守偸五四常偸四十四，並加太辟。議者咸以爲重，宜進主偸十四、常偸五十四死，四十四，降以補兵。此皆宋時修改唐律之尙可考者。

唐志有齊宗躬水明律八卷。南齊書孔稚圭傳：江左相承，用晉氏張、杜律二十卷。世祖留心法令，數訊囚徒，詔獄官詳正舊註。先是删定郎王植，撰定律章，集定張、杜二註，取張註七百三十一條，杜註七百九十一條，或二家兩釋於義乃備者。又取一百七條，其註相同者，取一百三條，集爲一書，凡一千五百三十二條，爲二十卷。於是公卿八座參議。稚圭上表：諮司徒王子良，創立條諸，使監臣宋躬、兼平臣、王植等抄撰同異，定其去取。其中洪疑、太議，斷自天筆；律文二十卷，錄序一卷，凡二十一卷，今以奏聞，請付外施用，宣下四海。考宗躬卽宋躬，字之訛也，本二十一卷，今止八卷，恐已非全書。又考通典一百六十四，齊武帝令删定郎王植之集註張、杜舊律，合爲一書，凡千五百三十條，事未施行，其文殆滅。知此律雖曾杜定，實未行用也。

第三節　梁及陳

梁書天監元年，詔中書監王瑩等八人，參定律令。二年尚書删定郎蔡法度上梁律二十卷，令三十卷，科四十卷。唐六典註，梁命蔡法度、沈約第十人，增損晉律爲二十篇，凡定罪二千五百二十九條：一曰刑名，二曰法例，三曰盜劫，四曰賊叛，五曰詐僞，六曰受賕，七曰告劾，八曰討捕，九曰繫訊，十曰斷獄，十一曰雜，十二曰戶，十三曰擅興，十四曰毀亡，十五曰衞宮，十六曰水火，十七曰倉庫，十八曰廐，十九曰關市，二十曰違制。隋志：蔡法度家傳律學。齊武時王植之集注張、杜舊律，凡一千五百三十條，事未施行，其文殆滅，法度能言之。於是以爲兼尚書删定郎，使損益植之舊本，以爲梁律。據此知梁律卽係王植舊本，故未期年而成書也。

豫章王綜傳，其母吳淑媛，自齊東昏宮得幸於高祖，七月而生綜，恆於別室祀齊氏七廟。又微服至曲阿，拜齊明帝陵；然猶無以自信，聞俗說以生者血瀝死者骨，滲卽爲父子。綜乃私發齊東昏墓，出骨瀝臂血試之，並殺一男取其骨試之，皆有驗，自此常懷異志。此爲洗寃錄滴血法之所本。【註一】

【註一】元王與無冤錄辨親生血屬條云：洗冤錄驗滴骨親法，謂如某甲稱有父母骸骨，認是親生男女，試令就身刺一兩點血，滴骸骨上，是親生則血沁入骨，否則不入，每以無所取證爲疑。讀史至豫章王綜云云，則洗冤之說，有自來矣。然滴血之法，實不始於梁；太平廣記一百六十二，引會稽先賢傳、嘗載陳業割臂血滴兄骨事，則漢已有之。珊玉集引同賢記，載杞良妻仲姿，以血滴骨，血徑流入，則滴血之法，其源甚古，並不始於漢也。

陳書武帝紀，永定元年，詔立删定郎，治定律令。廣六典注：陳令范泉、徐陵等參定律令，律三十卷，令三十卷，科三十卷。隋志：陳律九卷。則至唐時已散佚不全矣。隋志云：存贖罪之律復父母緣坐之刑，自餘篇目條綱，輕重簡繁，一用梁法。是陳律純用梁律也。

陳律之特長，在重清議；若縉紳之族，犯虧名教，不孝及內亂者，發詔棄之，終身不齒。【註二】

【註二】日知錄：宇武帝纂位詔，有犯鄉論、清議、贓汚、淫盜、一皆蕩滌洗除，與之更始。自後凡遇非常之恩，赦文並有此語。是當時雖未明著律條，而犯清議者非有赦書，皆終身禁錮可知。晉書陳壽傳：居父喪有疾，使婢丸藥，客往見之，鄉黨以爲貶議，坐是沈滯者累年。是此例實始於晉。南朝諸律，遠遜北朝，惟此一事非北朝所及。

唐六典注：梁令三十篇：一戶、二學、三貢士、四官品、五吏員、六服制、七祠、八戶調、九公田、公用、儀注、十醫藥、疾病、十一復除、十二關市、十三劫賊水火、十四捕亡、十五獄官、十六鞭杖、十七喪葬、十八雜上、十九雜中、二十雜下、二十一宮衞、二十二門下、散騎、中書、二十三尚書、二十四三臺、祕書、二十五公侯、二十六選吏、二十七選將、二十八選雜士、二十九軍吏、三十軍賞。隨志、陳令三十卷，史不載其篇目，疑與梁令同。梁、陳官品令全目，見通典，服制令全載於隨書禮儀志，餘不可考。

第四節　北魏

魏初禮俗純朴，刑禁疎簡。穆帝乃峻刑法，每以軍令從事。及太祖既定中原，乃命三公郎王德，除其酷法，約定科令。太祖紀，天興元年，詔三公郎中王德定律令，吏部尚書、玄伯總而裁之。此魏第一次定律也。世祖卽位，以刑禁重，神䴥中詔司徒崔浩定律令，除五歲四歲刑，增一年刑；分大辟爲斬、絞；婦人當刑而孕，產後百日乃決；年十四已下，降刑之半；八十及九歲，非殺人不坐。唐六典注、太武帝命崔浩定刑名，大辟有轘、腰斬、殊死、棄市、四等，凡三百九十條，始置枷。此魏第二次改律也。高宗時又增七十九章。此魏第三次改律也。高祖留心刑法，詔中書令高閭修改舊文，隨例增減，又勑羣官參議厥衷，經御刊定，五年冬訖，凡八百三十二章，重者止梟首。李沖傳：議禮儀律令，高祖雖自下筆，無不訪決焉。以魏書考之，時議律者，有封懿、源賀、游明根、高遵、鄭懿、高祐、李彪、崔挺等，頗極一時之盛。此魏第四次改律也。世宗紀：正始元年，詔羣臣議定律令，册府元龜，正始元年，議律令。時尚書殿中郎袁翻、門下錄事常景、孫紹、廷尉監張彪、律博士侯堅固、治書侍御史高綽、前軍將軍邢苗、奉車都尉程靈虬、羽林監王元龜、尚書郎祖瑩宋世景、員外郎李琰之、大樂令公孫之等，並在議限。洛陽伽藍記：正始初，始刊律令，永作通式；又詔彭城王勰、青州刺史劉芳入預其議。今律二十篇是也。此魏第五次改律也。魏志不載魏律篇目。據伽藍記云，有二十篇。隋志亦云：後魏律二十卷。魏刑罰志所引者，有法例律、賊律、盜律、鬭律。禮志引違制律。曹植傳引詐僞律。以唐律疏義考之，魏尚有刑名律、宮衛律、戶律、廐牧律、擅興律、繫訊律、雜律、捕亡律、斷獄律，僅得十五篇，其五篇不可考。

魏律體裁，今尚可於所引佚文得其大概：如賣子一歲刑，五服內親屬在尊長者死；賣周親及妾與子婦者流，見通典。掠人、掠賣人、和賣人爲奴婢者死；謀殺人而發覺者流，從者五歲刑；已傷而還蘇者死，從者流；已殺者斬，從而加功者死，不加者流，見魏書刑罰志。居三年之喪而冒哀求仕五歲刑，見禮志。子孫告父母祖父母者死，見竇瑗傳。臨軍征討而故留不赴者死，軍還先歸者流，見崔亮傳。文詞簡要，迥非他代所及。

魏律多沿漢律，不盡沿魏。晉之制；如不道，見許彥傳；大不敬，見顯祖紀及辛雄傳；誣罔。見高祖紀；附下罔上，見侯剛傳；呪詛，見竇瑾傳；馬度關，見北史司馬子如傳；後軍期當死，見通鑑；巫蠱、見古弼傳。斷獄報重常竟季冬，見李彪傳；疑獄以經義決，見世祖紀。皆漢制也。

魏書官氏志：舊令亡失，無所依據。高祖詔羣寮議定官著於令。唐六典注：後魏初命崔浩定令，後命游雅成之，史失篇名。是魏舊令至北齊已佚。考高祖律令并議，律尋施行，令獨不出，見孫紹傳。世宗時、太常劉芳撰朝令，未及班行，見常景傳。是高祖以後所定諸令，經葛榮爾朱之亂，迄未行用也。御覽時引後魏職品令及職令。魏書高祖紀，太和十七年作職員令二十一卷，付外施行。太和十九年宣示品令；蓋此本尙單行於世，至南宋始佚也。

第五節　北齊

元魏之季，分爲東西；東西有麟趾格，魏書孝靜帝紀，詔文襄與羣臣於麟趾閣，議定新制，甲寅頒於天下。伽藍記：法吏疑獄，簿領成山，乃敕子才與散騎常侍溫子昇撰麟趾新制十五篇，省府以之決疑，州郡用爲治本。唐志有麟趾格四卷，卽此本也。北史封述傳：時增捐舊事爲麟趾新格，其名法、科、條，皆述所刪定。是麟趾格實出於封述之手。

隋志：司徒功曹張老上書。稱大齊受命已來，律令未改，非所以創制垂法。於是始命羣官議造齊律，積年不成，其決獄猶依魏舊。武成卽位，思存輕典，大寧元年，以律令不成，頻加催督。河清三年趙郡王叡等奏上齊律十二篇，計自文襄頒布新制，文宣造律，歷廢帝、孝昭、武成，事經五代，參與刪定，至數十人。（以北齊書北史考之，參與修律者，有李鉉、魏收、崔昂、封繪、辛術、封述、王松年、崔昂、裴寬等。）史稱、科條簡要，非虛譽也。隋、唐兩代之律，均以此爲藍本。

齊律凡十二篇：一曰名例，二曰禁衞，三曰婚戶，四曰擅興，五曰違制，六曰詐僞，七曰鬬訟，八曰賊盜，九曰捕斷，十曰毀損，十一曰廄牧，十二曰雜，凡九百四十九條。別立重罪十條：一曰反逆，二曰太逆，三曰叛。四曰降，五曰惡逆，六曰不道，七曰不敬，八曰不孝，九曰不義，十曰內亂。此十者不在八議論贖之限，卽唐律十惡之根據也。

北齊律雖佚，然尚可以唐律得其大概。唐律受財枉法者、十五匹絞。北齊書祖珽傳：珽擬補令吏十餘人，皆有受納，後其事皆發，縛珽送廷尉，據枉法、處絞刑。是北齊亦處絞刑也。唐律強盜持仗者，雖不得財，流三千里。北齊書蘇瓊傳：有彊盜長流之語。是北齊強盜亦處流也。唐律有盜毀天尊佛像。蘇瓊傳。有：「被盜銅像一百軀，逮繫至數十人，」之語。是北齊亦有此條也。

隋志北齊令五十卷，唐志止存八卷。唐六典注：魏令取尚書二十八曹爲其篇名。今不可考：惟通典尚有數條，略之。

第六節　後周

西魏有大統式。周書文帝紀：大統十年，魏帝以太祖前後所上二十四條及十三條新制，方爲中興永式，乃命尚書蘇綽更損益之，總爲五卷，班於天下，百姓便之。隋志：周大統式三卷，卽此本也。趙肅傳：太祖命肅撰定法律，肅積思累年，還感心疾去職，卒於家。武帝紀：保定三年，初頒新律。唐六典註：後周命趙肅等造律，保定中奏之，凡二十五篇。大凡定罪一千五百三十七條，比於齊律，煩而不當。唐志：趙肅等周律二十五卷。

周律謂之大律，其文卽仿周之大誥。蘇綽傳：有晉之季，文章競爲浮華，太祖欲革其弊，乃命綽爲大誥。自是文筆皆依此體。史通：宇文初習華風，軍國詞令，皆準尚書。太祖勅朝廷他文，悉準於此，故知周律、周令，其文皆仿大誥體也。篇目凡二十五：一曰刑名，二曰法例，三曰祀享，四曰朝會，五曰婚姻，六曰戶禁，七曰水火，八曰興繕，九曰衞宮，十曰市廛，十一曰鬬競，十二曰刦盜，十三曰賊叛，十四曰毀亡，十五曰違制，十六曰關津，十七曰諸侯，十八曰廐牧，十九曰雜犯，二十曰詐僞，二十一曰請求，二十二曰告言，二十三曰逃亡，二十四曰繫訊，二十五曰斷獄。

周律以法律之條項，用尙書之體裁，優孟衣冠，作僞日拙。故隋氏代周，其律令獨採北齊而不襲周制，一掃宇文迂謬之迹。唐志於南北朝諸律令，獨闕周令。唐六典注：後周命趙肅、拓跋迪定令，史失篇目。六典注、成於李林甫。當唐之中葉，而周令已不可考，則其佚久矣。然隋書食貨志所採周制，其文酷似周禮。茲錄一段以資笑噱：

司均，掌田里之政令，（中略）司賦。掌功賦之政令，（中略）司役、掌力役之政令，凡人自十八以至五十有九，皆任於役。豐年不過三旬，中年則二旬，下年則一旬。凡起徒役、無過家一人，其人有年八十者，一子不從役；百年者家不從役，廢疾非人不養者，一人不從役。【註一】

【註一】此段文字，決爲周令原文無疑，此外禮儀志所載周之服制，通典又周書盧辯傳，所載官品，其名稱亦全仿周禮。文多不錄。

第七章　隋唐及五代

第一節　隋之律令

隋之律令可分爲二：

（一）開皇律令　唐六典注：開皇元年，命高熲等七人定律，至三年又敕蘇威、牛弘删定，凡十二篇。隋書刑法志：三年又敕蘇威、牛弘等更定新律，除死罪八十一條，流罪一百五十四條，徒杖等千餘條，定留惟五百條。經籍志有隋律十二卷，卽此本也。斐政傳：政採魏、晉刑典，下至齊、梁，沿革輕重，取其折衷，同撰著者十有餘人，凡疑滯不通，皆取決於政。北史蘇威傳、律令、格式，多威所定，世以爲能。是隋律多出於二人之手也。

開皇律篇目：一曰名例，二曰衞禁，三曰職制，四曰戶婚，五曰廄庫，六曰擅興，七曰盜賊，八曰鬬訟，九曰詐僞，十曰雜律，十一曰捕亡，十二曰斷獄。據隋志云：多採後齊之制，以北齊篇目參較，自可得其增損之迹。唐律疏義：北齊名婚戶律，隋以戶在婚前，改爲戶婚律，此外如改廐牧爲廐庫，分捕亡、斷獄爲二篇，删毀損一篇，餘則齊律本九百四十九條，隋律則所删止存五百條。此增損之迹也。

唐志：隋開皇令，三十卷。唐六典注擧其篇目：一官品上、二官品下，三諸省臺職員，四諸寺職員，五諸衛職員，六東宮職員，七行臺諸監職員，八諸州郡縣鎭戍職員，九命婦品員，十祠，十一戶，十二學，十三選擧，十四封爵俸廩，十五考課，十六宮衞軍防，十七衣服，十八鹵簿上，十九鹵簿下，二十儀制，二十一公式上，二十二公式下，二十三田，二十四賦役，二十五倉庫廐牧，二十六關市，二十七假甯，二十八獄官，二十九喪葬，三十雜。

隋初律、令之外，尙有格式並行。劉炫傳：於是立格，州縣佐史，三年而代之，九品妻無得再醮。此開皇格之尙可考者【註一】

【註一】隋書李諤傳，諤見禮教凋敝，公卿薨亡，其愛妾侍婢，子孫輒嫁賣之，遂成風俗，上書曰，朝聞其死，夕規其妾，方便求娉，以得爲限，無廉恥之心，棄友朋之義。上覽而善之，五品以上妻妾不得改醮，始於此也。意者雖有定格，仍未施行，故改限於五品以上歟。

(二)大業律令　玉海：煬帝以開皇律令猶重，大業二年，更制大業律，牛弘等造。三年甲申頒行，凡十八篇，五百條。隋志：五刑之內，降從輕典者二百餘條，其篇目：一曰名例，二曰衞宮，三曰違制，四曰請求，五曰戶，六曰婚，七曰擅興，八曰告劾，九曰賊，十曰盜，十一曰鬬，十二曰捕亡，十三曰倉庫，十四曰廐牧，十五曰關市，十六曰雜，十七曰詐僞，十八曰斷獄。唐志有大業律十八卷，卽此本也。

大業律較開皇律爲輕，不立十惡名目，分戶婚、賊盜、各爲二篇，餘無甚大出入。然煬帝實不守法；舊唐書刑法志：煬帝忌刻，法令尤峻；唐六典：末年嚴刻，生殺任情，不復依例，故不旋踵而亡。

隋志有大業令三十卷，唐志作十八卷。

第二節　唐之建令

唐書高祖紀：大業十三年十一月克京師，約法十二條。七年四月，班新律令。刑法志，詔僕射裴寂等十五人，更撰律令，凡律五百，麗以五十三條，流罪三皆加千里，餘無改焉。唐六典：武德中裴寂、殷開山等定律令，其篇目一準開皇之律，除苛細五十三條。據此，知唐律僅就隋開皇律，除去五十三條，又加入新格五十三條，故仍爲五百條，餘無更改。藝文志有武德律十二卷，蓋卽此本。

太宗卽位，詔長孫無忌、房元齡等議絞刑之屬五十，皆免死而斷右趾。貞觀元年，又詔元齡等，重加删定，除斷趾法，爲加役流三千里。居作二年，元齡等遂與法司增損隋律，降大辟爲流者九十二，流爲徒者七十一。貞觀十一年正月，頒新律令於天下。今所傳唐律，卽此本也。【註二】

【註一】舊唐書刑法志：永徽初，敕太尉長孫無忌共撰定律令格式，舊制不便者，皆隨删改。高宗紀：永徽二年閏九月，頒新定律令於天下。是唐律在高宗時又修改一次；然新書但云：增損格敕。唐六典亦無永徽删改律令之文。新、舊二書，不同如此。疑永徽時止增損敕格，而律令因之同時頒布。故新書藝文志有永徽律十二卷，實則仍貞觀律也。

高祖時已詔律學之士撰律疏。永徽三年疏成，三十卷，四年十月奏之，頒於天下。自是斷獄者皆引疏分析之。即今所傳之唐律疏義是也。此書原名律疏，有原進表文可證。崇文總目及玉海所引館閣書目，並曰律疏。是宋時尙名律疏也。明焦竑國史經籍志尙稱律疏，至錢謙益絳雲樓書目，乃標唐律疏義六册三十卷；非本名也。

唐律篇目凡十有二；疏義一一舉其沿革，茲摘錄之；

(一)名例　魏因漢律爲一十八篇，改漢具律爲刑名第一。晉命賈充等增損漢、魏律爲二十篇，於魏刑名律分爲法、例、律。宋、齊梁及後魏，因而不改。爰至北齊，併刑名法例爲名例；後周復爲刑名。隋因北齊，更爲名例。唐因於隋。

(二)衞禁　秦、漢及魏，未有此篇。晉太宰賈充等酌漢、魏之律，創制此篇，名爲宮衞律。自宋洎于後周，此名並無所改。至於北齊，將關禁附之，更名禁衞律。隋開皇改爲衞禁律。

(三)職制　職制律者，起自於晉，名爲違制律。爰至高齊，此名不改。隋開皇改爲職制律。

(四)戶婚　漢相蕭何承秦六篇律，後加廐、興戶、三篇。迄至後周，皆名戶律，北齊以婚事附之，名爲婚戶律。隋開皇以戶在婚前，改爲戶婚律。

(五)　庫　漢制九章，創加廐律。魏以廐事散入諸篇。晉以牧事合之，名爲廐牧律。自宋及梁，復名廐律。後魏太和中名牧產律。至正始年，復名廐牧律，歷北齊、後周，更無改作，隋開皇以庫事附之，更名廐庫律。

(六)擅興　漢相蕭何，創爲興律。魏以擅事附之，名爲擅興律。晉復去擅爲興。又至高齊，改興擅律。隋開皇改爲擅興律。

(七)賊盜　魏文侯時李悝首制法經，有盜法、賊法。自秦、漢逮至後魏，皆名賊律、盜律。北齊合爲賊盜律。後周爲刦盜律，復有賊叛律。隋開皇合爲賊盜律。

（八）鬬訟　秦、漢至晉未有此篇，至後魏太和年，分繫訊律爲鬬律，至北齊以訟事附之，名爲鬬訟律。後周爲鬬競律，隋開皇依齊鬬訟名，至今不改。

（九）詐僞　詐僞律者，魏分賊律爲之。歷代相因，迄今不改。

（十）雜　李悝首制法經，而有雜法之目，遞相祖習，多歷年所。然至後周，更名雜犯律。隋又去犯，還爲雜律。

（十一）捕亡　李悝制法經六篇，捕法第四。至後魏名捕亡律，北齊名捕斷律，後周名逃捕律。隋復名捕亡律。

（十二）斷獄　斷獄律之名，起自於魏，魏分李悝囚法，而出此篇，至北齊與捕律相合，更名捕斷律，至後周復爲斷獄律。

唐之刑書有四曰：律、令、格、式。唐六典、皇朝之令，武德中裴寂等與律同時撰，至貞觀初，又令房元齡等刊定，凡令二十有七，分爲三十卷：一曰官品，二曰三師三公臺省職員，三曰寺監職員，四曰衞府職員，五曰東守王府職員，六曰州縣鎭戍嶽瀆關津職員，七曰內外命婦職員，八曰祠，九曰戶，十曰選舉，十一曰考課，十二曰宮衛，十三曰軍防，十四曰衣服，十五曰儀制，十六曰鹵簿，十七曰公式，十八曰田，十九曰賦役，二十曰倉庫，二十一曰廄牧，二十二曰關市，二十三曰醫疾，二十四曰獄官，二十五曰營繕，二十六曰喪葬，二十七曰雜，大凡一千五百四十六條。是書宋時尚存。舊志、又刪定武德、貞觀已來敕格三千餘件，定留七百條，以爲格十八卷，以尙書省、諸曹爲之目，其曹之常務，但留本司者，別爲留司格一卷。新志、睿宗卽位，戶部尙書岑羲等，又著太極格。元宗開元三年、盧愼等又著開元格。至二十五年，李林甫又著新格。明年宋璟又著後格。皆以開元名書。唐六典、凡式三十三篇，亦以尙書省刑曹及祕書、太常、司農、光祿、太僕、太府、少府、及監門、宿衞、計賬、爲其篇目，凡二十卷。

第三節　五代

五代均沿用唐律，蓋其時中原鼎沸，有國者皆享祚不永，無暇修律也。五代會要、梁開平三年，敕太常卿李燕等刪定律、令、格、式，十二月奏新刪定令三十卷，式二十卷，格十卷，律並目錄一十三卷，律疏三十卷，共一百三卷，請目爲大梁新定格式律令，頒下施行。從之。宋志有梁令三十卷，梁式二十卷，梁格十卷。通志常載梁令，知此書南宋尙存。是梁時令，格、式雖新刪定，而律則仍其舊也。五代會要載後唐有開成格十一卷，崇文總目、後唐長定格三卷。是後唐止格略有增訂，餘均沿唐制也。宋志，有天福編敕三十一卷。據會要謂與格、式參用。是後晉均用唐制也。舊五代史刑法志，周太祖廣順元年，大理奏重寫律令格式統類編敕，凡改點書及義理之誤字，二百一十有四，以晉、漢及國初事關刑法敕條凡二十六件，分爲二卷，目爲大周續編敕。先是晉天福中，敕凡犯和姦者，男子婦人並處極法，至是始改。世宗顯德四年，中書門下奏稱：「今朝廷之所行者：一（一、玉海作律）十二卷，律疏三十卷，式二十卷，令三十卷，開成格一十卷，大中統類一十二卷。後唐以來至漢末，編敕三十二卷。及皇朝制敕等。折獄定刑，無出於此。律、令則文辭古質，看覽者難以詳明；格、敕則條目繁多，檢閱者或有疑誤。方屬盛明之運，宜申畫一之規。臣等商量，望準聖旨，差侍御史張湜等十人，編集勒成部帙，委御史臺、尚書省、四品以上，及兩省五品以上官，參詳可否，送中書門下議定，奏取進止。」詔從之。五年編集成，凡二十一卷。目之爲大周刑統。頒行天下。是後周亦用唐之律、令、格、式也。

十國雖用唐律，然亦間有自定條格者。宋志有江南格令條八十卷，崇文總目、江南刪定條三十卷，僞唐李氏撰，僞吳刪定格令五十卷，楊行密時修。宋志尙有蜀雜制敕三卷。

第八章　宋及遼金元

第一節　宋

宋史太祖紀：乾德元年三月，班新定律。攷玉海，國初用唐律、令、格、式。外有後唐同光刑律統類、清泰編敕、天福編敕、周廣順類敕、顯德刑統，皆參用焉。建隆四年，工部尙書判大理寺竇儀言：周刑統科條繁浩，或有未明，請別加詳定。乃命儀與權大理少卿蘇曉等同撰集，凡削出令式宣敕一百九條，增入制敕十五條，又錄律內餘條，準此者凡四十四條，附於名例之次，並目錄成三十卷。詔模印頒行。是宋時律、令、格式，均因於唐。並無新定律之事。玉海：乾德元年三月始定折杖法。宋史所云新定律，特折杖法耳。

宋沿五代之例，每朝均有編敕；如建隆編敕、太平興國編敕、淳化編敕、咸平編敕、景德三司新編敕、太中祥符編敕、天禧編敕、天聖編敕、景祐編敕、慶歷編敕、嘉祐編敕、熙甯編敕、均詳見玉海，玆略之【註一】

【註一】日本淺井虎夫著有支那法典編纂之沿革，於宋時編敕有一覽表，記載頗詳，今有譯本。

高宗紀、建炎元年，詔內外官司，參用嘉祐元豐敕，紹興元年、張守等上紹興重修敕令格式。玉海：淳熙間以刑統印本，久廢不存，令國子監重鏤板頒行。孝宗紀：乾道六年，虞允文上乾道敕令格式。淳熙四年，班淳熙重修敕令格式。甯宗紀：慶元四年，頒慶元重修敕令格式。宋志尙有淳裕敕令格式。是南渡後於律雖無所更改，而敕、令、格式，仍時有修正也。

第二節　遼金元

遼史太祖紀：神册六年五月，詔定法律。志、神册六年克定諸夷，乃詔大臣定治契丹及諸夷之法，漢人則斷以律令。聖宗紀：統和元年，樞密院請譯南京所進律文。從之。統和十二年七月，詔契丹人犯十惡者依漢律。其所謂律令，漢律，均唐律也。

聖宗紀：太平七年，詔更定法令。刑法志：興宗重熙五年，新定條制成，頒行諸道。蓋纂修太祖以來法令，參以古制。其刑有死、流、杖、及三等之徒而五，凡五百四十七條。咸雍六年，帝（道宗）以契丹，漢人風俗不同，國法不可異施，於是命惕隱蘇、樞密使乙辛等，更定條制，凡合於律令者具載之，其不合者別存之。道宗紀：大安五年十月，以新定法令太煩，復行舊法。是遼中葉後，於法令時有更定，其詳今不可考。

金初雜用遼、宋法。金史：天眷三年，復取河南地，乃詔其民約所用刑法，皆從律文。所謂律文卽遼之漢律；所謂漢人用漢律，實唐律也。明昌元年置詳定所，命審定律令，三年右司郞中孫鐸先以名例篇進。泰和元年律成，凡十有二篇：一曰名例，二曰衞禁，三曰職制，四曰戶婚，五曰廐庫，六曰擅興，七曰賊盜，八曰鬭訟，九曰詐僞，十曰雜律，十一曰捕亡，十二曰斷獄。實唐律也：但加贖銅皆倍之；增徒至四年五年爲七，削不宜於時者四十七條；增時用之制百四十九條，略有所損益者二百八十三條；餘百二十六條，皆從其舊；又加以分其一爲二分其一爲四者六條，凡五百六十三條，爲三十卷。附註以明其事，疏義以釋其疑，名曰泰和律義，於唐令亦略有修改。（詳見金志）章宗紀、泰和元年十二月，司空襄等進新定律令敕條格式五十二卷，詔頒行之。是金不特有律令，且有格式也。

元以蒙古入主中夏，然律令完備，遠不如金。續通考：元太祖初頒刑獄，惟重罪處死，其餘雜犯，量情笞決。元史世祖紀：中統三年，命大司農姚樞講定條格。至元元年詔新立條格。耶律鑄傳：至元二年，奏定法令三十七章，吏民便之。然當時實沿用金律。刑法志：元興，其初未有法守，百司斷理獄訟，循用金律。世祖紀：至元八年十一月禁行金泰和律。志世祖平宋，疆理混一，始定新律。號曰至元新格。成宗紀：大德三年，命何榮祖等更定律令。考何榮祖傳：先是榮祖奉旨定大德律令，書成已久。至是，乃得請於上，詔元老大臣聚聽之，未及頒行而卒。是大德律令，雖已成書，實未頒行也。志：仁宗之時，又以格例類集成書，號曰風憲宏綱。然紀亦不書，疑亦未行。英宗紀：至治三年格例成，凡二千五百三十九條，名曰大元通制，頒行天下。以志考之，大元通制，大綱有三：一曰詔制，二曰條格，三曰斷例，不過纂集世祖以來法制事例而已。順帝至元四年，命中書平章政事

詔，刊刻監修至正條格。至正五年書成。六年四月，頒行至正條格於天下。終

元之世，未有完備之律也。（四庫存目有至正條格二十三卷）

元不特無完備之律，且未定令。文達記：天歷二年，敕翰林國史院官同奎章閣學士，采輯本朝典故，準唐宋會要，著爲經世大典。魏源元史新編：元經世大典八百卷，文宗天歷中所修，共十篇；君事之目四：一帝號、二帝訓、三帝制、四帝系；此四篇蒙古局治之。臣事之目六：曰治典、曰賦典、曰禮典、曰政典、曰憲典、曰工典；此六篇蒙漢官分治之。並詳載其目錄，略與令文相近。按經世大典，久已不傳，僅永樂大典尙存其目。魏氏所輯，實未詳所本也。

元時種族意見甚深，且諸帝皆不通漢人文字，詔令之鄙俚，法制之荒謬，爲歷代所未見。世祖紀：至元七年，禁漢人聚衆與蒙古人鬥毆。成宗紀：大德十年，詔凡匿鷹犬者沒家貲之半，來獻者給之以賞。文宗紀：至順元年，詔凡立營司境內所屬山林川澤，其鳥獸魚鼈悉供內膳，諸獵捕者治

罪。順帝紀：至元三年，禁漢人、南人、高麗人，不得執持軍器，凡有馬者拘入官。（按漢人，南人，執軍器之禁，始於世祖，行之已百年。）皆悖謬之最著者。

第九章 明及清

第一節 明

明史太祖平武昌，卽議律令。吳、元年冬十月，命左丞相李善長爲律令總裁，楊憲等二十人爲議律官。十二月書成，凡爲令一百四十五條，律二百八十五條。又恐小民不能周知，命大理卿周楨等訓釋其義，頒之郡縣，名曰律令直解。此明第一次定律也。洪武元年命儒臣四人，同刑官講唐律，日進二十條。六年冬，詔刑部尙書劉惟謙詳定大明律，每奏一篇，命揭兩廡，親加裁酌。七年二月書成。篇目一準於唐：曰衞禁，曰職制，曰戶婚，曰廐庫，曰擅興，曰賊盜，曰鬥訟，曰詐僞，曰雜律，曰捕亡，曰斷獄，曰名例。採用舊律二百八十八條，續律一百二十八條，舊令改律三十六條，因事制律三十一條，掇唐律以補遺百二十三條，合六百有六條，分爲三十卷。此明第二次定律也。【註一】

【註一】明史刑法志，明律名例，移於篇末，蓋做古法；然明律（日本刻本）所載劉惟謙進律表，仍以名例居首，表與志不符。

洪武二十二年刑部言，比年條例增損不一，以致斷獄失當，請編類頒行，俾中外知所遵守。遂命翰林院同刑部官，取比年所增者以類附入，改名例律，冠於篇首，爲卷凡三十，爲條四百六十，名例一卷，吏律二卷，戶律七卷，禮律三卷，兵律五卷，刑律十一卷，工律二卷。蓋太祖之於律令也，草創於吳元年，更定於洪武六年，整齊於二十二年，至三十年頒示天下。此明第三次定律也。

自明律以六曹分類。遂一變古律之面目；然考其內容。則十之七八，均沿唐律。近人沈家本有律目考一書，於明律目源流，考證頗詳，茲摘錄之：

名例　名例即李悝之具法。魏改具律爲刑名，移於律首。晉析爲刑名、法例二篇。北齊合刑名，法例爲一，曰名例。隋、唐以來，相承不改。

吏律

職制　即李悝雜律之踰制。漢羅律有踰封、矯制。魏改入詐律，晉律有違制，梁、齊、周因之。隋開皇改爲職制。唐以後，相承不改。

公式　古無此目，隋、唐令有公式篇目，明從職制分出。

戶律

戶役　漢始有戶律，魏、晉、梁因之。北齊曰婚戶，以婚事附之。後周分爲戶禁、婚姻。隋開皇改爲戶婚，唐、宋因之。明分爲戶役、田宅，婚姻三篇。

田宅　唐、宋皆在戶婚律中，明始分出。

婚姻　北齊合於戶律，後周分出爲婚姻，隋開皇又合於戶，大業又分出，唐、宋因開皇律。明復分出。

倉庫　梁律始有倉庫之名，隋開皇並庫於廐曰廐庫，大業律分爲倉庫、廐牧，唐、宋因開皇律，明分廐入兵律，而庫在戶律。

課程　古無此目，唐雖散見各律，然未及鹽、茶諸法也，明爲課程，凡私鹽、私茶入之。

錢債　古無此目，唐入雜律。

市廛　晉律有關市，梁因之。後周分爲關津、市廛，隋開皇删之，大業律又有關市，唐因開皇律，關津入衞禁，市廛入雜律，明又分出。

禮律

祭祀　後周律有祀享，唐散見各律，明始彙而爲一。

儀制　古無此目，惟隋令有儀制篇。

兵律

宮衞　晉律始有衞宮之名，梁及後周，皆承用之，北齊附以關禁，更名禁衞，隋開皇改爲衞禁，大業律爲衞宮，唐因開皇，明改爲宮衞，而關禁別入關津律。

軍政　即漢之興律，魏附以擅事曰擅興，晉復去擅爲興，北齊改爲興擅，後周合以繕事，曰興繕，隋開皇復爲擅興，唐因之，明改爲軍政。

關津　梁律有關市，後周分關律、市廛二篇，隋開皇入衞禁律，大業律復爲關市，唐因開皇，明復分出。

廐牧　即漢之廐律，魏删之，晉復爲廐律。（唐律疏義：晉以牧事合之，爲廐牧律，與晉書異。）隋開皇以庫事入之，更名廐庫，大業律分爲倉庫、廐牧，唐因開皇，明又分爲二，而以廐牧屬兵律。

郵驛　郵驛之名始於魏，但爲令之名稱，唐入職制中，明始分出。

刑律

盜賊　李悝有盜法、賊法，漢以下因之，梁曰盜刼、賊叛，北齊始合二律爲一，曰賊盜，後周仍分爲刼盜、賊叛，隋開皇合之，大業律又分之，唐因開皇，明誤以盜賊爲一事，而以殺人別入人命，名同而義不同。

人命　古無此目，其事統於賊律，明始創立此名。

鬬毆　後魏太和始有鬬律，北齊以訟事附之，名爲鬬訟，後周爲鬬競律，隋開皇依齊，明分鬬毆、訴訟，蓋本於元。（見元典章）

罵詈　古無此目。

訴訟　漢告劾入囚律，魏始有告劾律，晉、梁因之，北齊合於鬬律曰鬬訟，後周曰告言，隋開皇仍曰鬬訟，大業律復分之，唐因開皇，元曰訴訟，明因之。

受贓　漢入盜律，魏始有請賕律，晉因之，梁曰受賕，後周曰請求，北齊不立此目，隋開皇律因之，大業律復曰請求，唐因開皇，入職制律中，明始立此篇。

詐僞　漢入囚律，魏始有詐律，（亦作詐僞）晉爲詐僞，歷代相承不改。

犯姦　歷代均入雜律，明始分出。

雜犯　李悝有雜法，歷代因之，惟後周稱雜犯律，隋唐均仍雜律，明雖有此篇，而其事多改入他篇，非古之舊。

捕亡　李悝有捕法，歷代因之，梁曰討捕。北齊曰捕斷，以斷獄附之。後魏名捕亡，後周曰逃亡，隋復名捕亡，唐因之，相承不改。

斷獄　漢入囚律。魏始分爲斷獄，晉、梁因之，北齊合於捕律，後周仍爲斷獄，隋、唐以來，相承不改。

工律

營造　古無此目，唐入擅興律中。

河防　古無此目，唐入雜律中。

太祖患民狃元習，徇私滅公，十八年制大誥，次年復爲續編三編，皆頒學宮以課士。其法有族誅、凌遲、梟首、墨面、挑筋、剁指、斷手、刖足，均出於律之外。蓋本於刑亂國用重典之旨。【註二】

【註二】近人沈家本有大誥峻令考一卷。

續通考：明令二百四十五條，吏令二十，戶令二十四，禮令十七，兵令十一，刑令七十一，工令二，焦竑國史經籍志，大明令一卷，而明史藝文志不錄；蓋佚已久，【註三】大學衍義補曰。唐律之外，有令、格、式，宋初因之。神宗更其目曰敕令格式。所謂敕者，兼唐之律也。洪武元年卽爲大明令，頒行天下，六年始造律，與夫大誥等書。凡唐、宋所謂律令格式，皆在是也；但不用唐、宋之舊名耳。

【註三】大明令中土已佚，日本有刻本，延享四年大藏永綏校刊。

明律外有例。明志宏治中去定律時已百年，用法者日弛。五年刑部尚書彭韶等，刪定問刑條例。十三年書成。其後嘉靖中，兩次修改。萬歷中又重修一次。藝文志有顧應祥舒化、問刑條例各七卷。前爲嘉靖本，後則萬歷本也。

明尙有會典。弘治十年徐溥等奉勅修，十五年書成，凡一百八十卷。正德四年，命內閣加以參校，補其遺闕。嘉靖、萬歷重修兩次。今四庫著錄者僅初修之本，提要云：嘉靖八年復命閣臣續修會典五十三卷。萬歷四年又繼修會典二百二十二卷。今皆未見其本，莫知存佚。

第二節　清

皇朝文獻通考：國初律令重罪有斬刑，輕罪用鞭扑。順治元年，始準用明律；又命法司會同廷臣，詳譯明律，裁定成書，從刑科給事中孫襄請也。三年大清律成，命頒示中外，計：律目一卷，圖一卷，服制一卷，名例二卷，吏律二卷，戶律八卷，禮律二卷，兵律五卷，刑律十五卷，工律二卷，總例七卷，比引條例一卷，凡四十七卷。實言之即明律也。雍正三年頒行大清律集解凡三十卷，計律文四百三十六條，每篇正文後有總註，或標舉大意，或逐節分疏，或釋正文而兼及小註，或銓本條而旁及別義。律後附例共八百二十四條，分爲三項：曰原例，係累朝舊例；曰增例，係康熙間增入；曰欽定例，係上諭及臣工條奏。是日上諭深斥八議之非，以相沿已久，未便廢止。仍之。乾隆元年，從尚書傅鼐請，重纂律例，並令各省督撫臬司各抒所見。五年書成，凡四十七卷，律文四百三十六條，悉仍其舊，删去總註附例千有四十二條，删原例增例各名目，頒行直省，永着爲例。其後三十二年、三十八年、四十三年皆修改一次，纂入新例而已。

清亦仿明制，編纂會典，前後凡五次。第一次、康熙二十三年開館，二十九年書成，凡百六十二卷，其體裁一仿明制。第二次、雍正二年續修，十年書成，凡二百五十卷。第三次、乾隆二十九年重修，凡一百卷。其內容區會典則例，各爲之部而輔以行。第四次、嘉慶十七年所修，凡八十卷。第五次、光緒二十五年重修，凡一百卷。

清於會典之外，尚有則例；如戶部則例、禮部則例、工部則例等。此外尚有處分則例，略如今之懲戒法。略之。

第三篇　刑制

第一章　唐虞及三代

宋王鍵刊名、（說郛本）以鞭、朴、鑽、笮（一作鑿）刀、鋸、斧、鉞、甲、兵爲黃帝之刑，其說本於國語及漢志。考國語、大刑用甲、兵，其次用斧、鉞，中刑用刀、鋸，其次用鑽、笮，薄刑用鞭、扑，漢書刑法志因之，均不云黃帝之刑，不足信也。王圻續通考、斬由軒轅，絞興周代。蓋本於黃帝斬蚩尤及左傳、均臆斷不足據。是故論刑制當斷自唐、虞始。

書舜典：象以典刑。流宥五刑，鞭作官刑，扑作教刑，金作贖刑，卽唐、虞之刑制也。象刑應作何解，頗有數說。尙書大傳、唐、虞象刑而民不敢犯。又云唐、虞之象刑，上刑赭衣不純，中刑雜屨，下刑墨幪。注、純、緣也，屨、履也，幪、巾也。御覽引愼子：有虞之誅，以幪巾當墨，以草纓當劓，以菲屨當刖，以艾韠當宮，布衣無領以當大辟。此有虞之誅也。荀子正論篇：治古無肉刑而有象刑。墨、黥、慅、嬰（按墨黥當作墨幪，慅嬰當爲草纓之誤）共、艾、畢、菲、對、屨，殺赭衣而不純。初學記引白虎通：五帝畫象者，其衣服象五刑也；犯墨者幪巾，（書鈔引巾上有皂字，）犯劓者赭其衣，犯臏者以墨幪其臏處而畫之，犯宮者屨雜菲，犯大辟者布衣無領。漢書文帝詔：有虞畫，衣冠異章服以爲戮，而民不犯。武帝詔：唐、虞畫象而民不犯。以上皆主畫象之說。愼子、荀子皆周人。是秦、漢以來，舊說相沿如此。古義相傳，究不可廢也。自班固首倡異說。刑法志云：象刑惟明者，言象天道而作刑，安有菲屨赭衣者哉。其後尙書僞孔傳亦曰象法也。朱熹書傳輯錄亦云：象者如天垂象以示人。淸王鳴盛尙書後案，亦以爲好事之徒，矯枉而爲此說。皆不主畫象之說者。【註一】

【註一】按周禮正月之吉，布刑於邦國都鄙，乃縣刑象之法于象魏，使萬民觀刑象，挾日而斂之。似可作爲象刑註解，姑備一說。

五刑，史記集解：馬融曰、五刑、墨、劓、剕、宮、大辟。尙書僞孔傳亦同。皆肉刑也。如依畫象之說，何以又有五刑？通典、班固云：五帝畫象而人知禁。禹承堯、舜之後，自以德衰，始制肉刑。而孝經緯亦云：五帝畫象，三王肉刑。則五帝不用五刑，舜何得言以流放代之。足見帝舜以前有五刑明矣。荀卿曰：「肉刑蓋百王之所同，未有知其所由來。」誠哉是言。考書呂刑：苗民弗用，靈制以刑，惟作五虐之刑曰法，殺戮無辜。爰始淫爲劓、刵、椓、黥，是肉刑始於三苗也。沈氏刑法考，以爲舜時五刑象刑並行。蓋仍主畫象之說。日人田能村梅士、以爲蚩尤始作肉刑。堯、舜襲而用之。其說亦不爲無見。【註二】

【註二】田能村著有世界最古之刑法，論唐、虞制最詳。

王鳴盛尚書後案：湽民爲此四刑，特深刻異于皋陶。非謂皋陶竟不用五刑也。世本乃云：伯夷作五刑。非也。江氏聲尚書集注音疏，亦主是說。肉刑始於有苗，既有確證，然蚩尤何人？諸說紛如，今不可考【註三】

【註三】孔傳九黎之君號曰蚩尤。疏、九黎之君號曰蚩尤。當有舊說，不知出何書也。史記五帝本紀、黃帝與蚩尤戰於涿鹿之野，遂擒蚩尤。如本紀之言，蚩尤是炎帝之末諸侯君也。應劭云：蚩尤古天子。孔子三朝記云：蚩尤庶人之貪者。諸說不同，未知蚩尤是何人也。楚語曰：少昊氏之衰也，九黎亂之。則九黎在少昊之末，非蚩尤也。鄭玄以爲苗民即九黎之後。

三代俱用五刑。隋志：夏后氏五刑有五。周禮司刑注：夏刑大辟、臏辟、宮辟、劓、墨。此夏之五刑也。揚子法言：夏后肉辟三千。風俗通：夏禹始作肉刑。漢人多持此說。是雖不足信，然其刑之爲肉刑，則無可疑。書序、穆王訓：夏贖刑，作呂刑。疏：夏法行於前代，廢已久矣。今後訓暢夏禹贖刑之法。是夏有贖刑也。

商刑制無考。周禮司刑疏，引孝經緯：三王肉刑。唐律疏義：昔者三王始用肉刑。疑商沿夏制，亦用五刑。書伊訓：臣下不匡其刑墨。是商有墨刑也。書盤庚：我乃劓殄滅之。是商有劓刑也，其他當與夏同。史記殷本紀：說爲胥靡。晉灼漢書音義云：胥、相也，靡、隨也。古者相隨坐，輕刑之名。是商尙有從坐之例也。

周亦用五刑。周禮、秋官司刑，掌五刑之法，墨罪五百，劓罪五百，宮罪五百，刖罪五百，殺罪五百。鄭注尙書大傳：決關梁、踰城郭而略盜者，其刑臏。男女不以義交者，其刑宮。觸易君命，革輿服制度，姦軌盜攘傷人者，其刑劓。非事而事之，出入不以道義，而誦不祥之辭者其刑墨。降畔、寇賊、刼略、攘奪、撟虔者其刑死。此二千五百罪之目略也。其刑書則亡。呂刑有墨辟、劓辟、剕辟、宮辟、大辟，與周禮同；惟刖作剕。孔傳：刖足曰剕，是剕卽刖也。司刑注：周改臏作刖。書康誥：有劓刵人。似周尙有刵刑。考說文：刵斷耳也。左傳：僖二十二年俘馘。杜註：以爲截耳。昭二十六年、苑何忌，取其耳。是斷耳爲軍法，非常刑也。書、呂刑、劓、刵、椓、黥。說文引作刖、劓、斀、黥。沈氏刑法考云：刵爲刖之誤；說文蓋未誤之僅存者。苗之五刑，不應無刖而有刵。康叔治殷民，自當用常法。不應以軍法治之。沈氏以刵爲刖之誤，不爲無見也。

周時死刑頗有多種。周禮掌戮註、斬以鈇鉞，若今要斬；殺以刀刃，若今棄市。公羊：昭二十六年傳、君不忍加之以鈇鑕。何休注：鈇鑕、要斬之罪。秦策、要不足以待斧鉞。古書所謂斬，大抵爲要斬，至漢猶然。沈氏刑法考：呂刑大辟，祇有一等。如果三代之時，大辟有要斬、棄市二項，則必有輕重之差，不應贖鍰之數，毫無區別。且周時以斷首爲刑，旁無確證，疑大辟止有要斬一種。此恐不可信。考周禮掌戮：凡殺其親者焚之。是周有焚刑也。條狼氏誓馭曰：車轘，是周有轘刑也。掌戮、掌斬殺賊諜而搏之。注：搏當爲膊，去衣磔之，殺王之親者辜之，注：謂磔之。是周有磔刑也。禮記：文王世子、磬於甸人。註，縣、縊殺之。是周有磬刑也。沈以爲止腰斬一種，並斬首而無之，恐不足據。

春秋時，諸侯各自立制，其刑名之見於諸書者。禮檀弓：孔子哭子路於中庭。使者曰醢之矣。左傳：莊十二年宋人皆醢之，襄十九年醢夙沙衛于軍。是衞、宋、齊均有醢刑。襄二十六年乃烹伊戾，哀十六年乃烹石乞。呂氏春秋：晉文公將烹叔詹。齊生烹文摯。齊策：齊威王烹阿大夫。漢志：秦大辟有鑊亨。是宋、楚、晉、齊、秦皆有烹刑。左傳：桓十八年、轘高渠彌，宣十一年轘夏徵舒，襄二十二年轘觀起。是鄭、楚均有轘刑。戰國時、則稱車裂。淮南子、吳起刻削而車裂。史記、秦惠王車裂商君以徇，是也。說苑、衛國之法，竊駕君車罪刖。韓非子：楚厲王刖和氏之足。史記：龐涓以法斷孫臏兩足。是衛、楚、齊皆有刖刑也。宣元年，晉放其大夫胥甲父於衛。成五年原屏放趙嬰於齊。襄二十九年齊放其大夫高止於北燕。昭元年，鄭放游楚于吳。昭八年、楚執陳公子招，放之越。襄三年、蔡人放其大夫公孫獵于吳。是晉、楚、齊、鄭、蔡均有放刑。左傳注：放者受罪黜免，宥之以遠；蓋流之別名也。襄二十三年、斐豹隸也，著於丹書。杜注：犯罪沒爲官奴。是晉有沒爲官奴之制也。莊八年、鞭徒人費。莊三十二年、子般鞭圉人犖。僖二十七年、子玉治兵於蒍，鞭七人。襄十四年、鞭師曹三百。是齊、魯、衛、均有鞭刑也。國語：管子曰：「重罪贖以犀甲，輕罪贖以鞼盾。」家語：魯國之法，贖人臣妾于諸侯，皆取金于府。是齊魯均有贖刑也。以上舉其大略，其不可考者，則略之。

第二章　秦漢

秦之刑制，略見於漢舊儀。秦制：凡有罪，男髡鉗爲城旦，城旦者治城也；女爲舂，舂者治米也，皆作五歲，完四歲。鬼薪三歲。鬼薪者，男當爲祠祀鬼神，伐山之薪蒸也；女爲白粲者。以爲祠祀擇米也，皆作三歲。罪爲司寇；司寇男備守，女爲作如司寇，皆作二歲。男爲戍罰作，女爲復作，皆一歲。此秦一歲刑至五歲刑之大略也。秦之死刑，有車裂（史記商君傳、車裂商君以徇，）要斬（李斯傳、要斬咸陽市，）梟首（始皇本紀、長信侯毒作亂，其徒二十人皆梟首，）磔（李斯傳、十公主矺死於杜。注：矺與磔同，古今字異耳。）棄市（始皇本紀、敢偶語詩書者，棄市）五等。又史記秦本紀、文公二十年，法初有三族之罪。是三族之制，亦始於秦也。〔註一〕

〔註一〕書甘誓：予則孥戮汝。湯誓亦有此文。孔傳、古之用刑，父子兄弟，罪不相及。今云孥戮汝，權以脅之。泰誓：罪人以族。似秦以前，已有此制，然尙無夷三族之名也。

秦自商鞅變法，其刑名有出於律之外者。漢志：秦用商鞅，增加肉刑。大辟有鑿、顚、抽、脅、鑊、亨之刑。說苑：始皇取太后，遷之咸陽宮。下令曰：以太后事諫者，蒺藜其脊。商君傳：有令民什伍而相收司連坐之法。蓋已非復法經之舊制矣。【註二】

【註二】按漢舊儀所列秦刑制，疑係法經舊制。故漢幾全襲之，惜無確證。原文亦殘缺不完。

漢祖入關，與父老約法三章，殺人者死，傷人及盜抵罪，餘悉除去秦法。及蕭何造律，其刑制大半沿秦之舊。漢志不載漢之刑名。茲參照魏、晉之例，分列於左：

死刑　漢死刑，分三等：一梟首，竇武傳：梟首洛陽都亭。陳湯傳注、梟、謂斬其首而懸也。二要斬。武帝紀：丞相屈氂下獄要斬，妻子梟首。注：妻作巫蠱夫從坐，但要斬也。故知要斬輕於梟首。三棄市，卽令斬首。景帝紀：改磔曰棄市。注，應劭曰、先此諸刑皆磔於市，今改曰棄市。師古曰，磔、謂張其尸也，棄市、殺之於市也。

肉刑 漢志：今法有肉刑三。注：孟康曰：黥刖二；刖左右趾合一，凡三也。鄖頴傳：漢法肉刑三，謂黥也、劓也、左右趾也。文帝除之。當黥者城旦舂，當劓者笞三百，當左右趾者笞五百。王棠知新錄，以爲漢尙有宮刑，當是肉刑四，何以言肉刑三也。沈氏刑法考，以爲文帝除肉刑，與除宮刑，非一時事。蓋必宮刑已廢，故曰肉刑三耳。

(一)宮 景帝紀：孝文皇帝除宮刑。是宮刑、文帝已除之矣。尙書：呂刑正義，漢除肉刑，宮刑猶在。史記、文帝紀注引崔浩、漢律序：文帝除肉刑，而宮不易，與漢書異。景帝紀：死罪欲腐者許之。自此以後，時以宮刑代死罪，遂爲永制。

(二)刖右趾 文帝時廢，當斬右趾者棄市。魏志鍾繇傳：宜如孝、景之令，當棄市欲斬右趾者許之。考漢書不載此令。繇生於漢季，其言當有所本。後書明帝、章帝紀：詔中均列右趾罪名。是其徵也。

（三）刖左趾　文帝時廢，當斬左趾者笞五百。景帝元年減爲三百，六年又減爲二百。

（四）劓　文帝時廢，當劓者笞三百。景帝元年減爲二百，六年又減爲一百。

（五）黥　文帝時廢，當黥者髡鉗爲城旦舂。

髡刑　魏志王凌傳注：凌爲長，遇事髡刑五歲，當道掃除。此卽秦之髡鉗城旦舂，五歲刑也。漢志：穿窬之盜，忿怒傷人，男女淫泆，吏爲姦臧，若此之惡，髡鉗之罰，又不足以懲。知漢時此等罪名。皆處五歲刑也。

完刑　漢志：諸當完者完爲城旦舂，卽秦制之完四歲也。惠帝紀注：城旦者，旦起行治城；舂者婦人不豫外徭，旦舂作米，皆四歲刑。說文段注：去其鬢而完其髮，故謂之完。

作刑　龐參傳、坐法輸作若盧。楊秉傳：秉竟坐輸作左校。魏律有作刑三，蓋沿漢制。

(一)鬼薪白粲　惠帝紀注：應劭曰：「取薪給宗廟爲鬼薪，坐擇米使正白爲白粲。皆三歲刑。」

(二)司寇　張皓傳注：司寇二歲刑。章帝紀：鬼薪白粲，已上皆減本罪各一等。輸司寇作。

(三)罰作復作　史記淮南王安傳注：蘇林曰：「一歲爲罰作」。漢書食貨志：罰作一歲。宣帝紀注：李奇曰：「復作者女徒也謂輕罪男子守邊一歲，女子軟弱不任守，復令作於官亦一歲，故謂之復作。」【註三】

【註三】漢輸作之制，有可考者。急就篇：輸屬詔作谿谷山。注云：輸屬、言配入其處也。箛、篍、起居、課後先。注云：箛、吹鞭也。篍、吹筩也。起居、謂晨起、夜臥及休食時也，言督作之司，吹鞭及竹筩，爲起居之節度。又校其程課，先者免罰，後者懲責也。

贖刑　漢初承秦苛法之餘，未有贖罪之制。貢禹傳：孝文皇帝時，亡贖罪之法，故令行禁止。武帝始臨天下，使犯法者贖罪。武帝紀：太始二年，募死罪人贖錢五十萬減死。是爲漢用贖罪之始。東漢明、章以後，均有贖罪之令。自是遂爲定制。書舜典正義：古之贖罪皆用銅。漢始改用黃金，但少其斤兩，令與銅相敵。淮南王安傳：贖死金二斤八兩。他無考。

罰金 景帝紀：無爵罰金二斤。張釋之傳：此人犯蹕當罰金，知漢有罰金之制，其等級則無考。

魏、晉諸律，均有雜抵罪之名，漢亦有之。景帝紀：奪爵爲士伍免之。類聚引王粲爵論云：依律有奪爵之法。陳書沈洙傳引漢律，有除名，奪爵除名；皆雜抵罪之類也。漢時尙有徙邊之制。陳湯傳：免湯爲庶人，徙邊：陽球傳：妻子徙邊。是也。魏書刑罰志：漢武時始啓河右四郡，議諸疑罪而謫徙之。是其制始於武帝，非九章律所有也。

漢世有一大公案，卽議復肉刑是也。文帝除肉刑，班氏作漢書，卽首先反對。（詳見漢書刑法志，）崔實傳引政論云：「文帝除肉刑，右趾者旣殞其命，笞撻者往往至死，雖有輕刑之名，其實殺也。當此之時，民皆思復肉刑。」意林引物理論云：「漢太宗除肉刑，匹夫之仁也，不忍殘人之肢體，而忍殺人。」蓋當時之論如此。推原其故，文帝改用笞刑，而終漢之世，恆視笞爲死刑，不輕用之。喬玄傳：上邽令皇甫禎有臧罪，玄收考髡笞，死於冀市，一境皆震。此可爲笞易致死之證。孝章以後，且時有勿笞之令。笞刑既不敢用，則減死一等，卽爲髡刑。仲長統傳：肉刑之廢，輕重無品，下死則得髡鉗。文獻通考：當時死刑至多，而生刑反少，髡鉗本以代墨，乃刑之至輕者。然減死一等，卽止於髡鉗，加一等卽入於死，而笞箠所以代剕劓者不聞施用矣，可謂洞見癥結之論。迄於漢季，遂有恢復肉刑之議。孔融傳：論者多欲復肉刑。融建議曰：「被刑之人，類多趨惡。夙沙亂齊，伊戾禍宋，趙高，英布，爲世大患，不能止人遂爲非也，適足絕人還爲善耳。雖忠如鬻拳，信如卞和，一罹刀鋸，沒世不齒。故明德之君，遠度深惟，棄短就長，不苟革其政者也。」朝廷善之，卒不改焉。魏志陳羣傳：太祖議復肉刑。羣對曰：「臣父紀以爲漢除肉刑，而增加笞，本興仁惻，而死者更衆。所謂名輕而實重者也。名輕則易犯，實重則傷民。若用古刑，使淫者下蠶案，盜者刖其足，則永無淫放穿窬之姦矣。」一時鍾繇與羣議同。太祖深善繇言。以軍事未罷，顧衆議故且寢，此第一次議復肉刑也。

第三章 魏晉

魏之刑制，見於晉志。依古義，制爲五刑，其死刑有三，髡刑有四，完刑作刑各三，贖刑十一，罰金六，雜抵罪七，凡三十七名。所謂死刑三，即漢之梟首、要斬、棄市。以晉刑名證之，可知也。髡刑以下，是否沿漢城旦春、鬼薪、白粲等名，則均不可考。

唐六典注：晉刑名之制有三：一曰梟、二曰斬，三曰棄市。髡刑有四：一曰髡鉗五歲，刑笞二百，二曰四歲刑，三曰三歲刑，四曰二歲刑，贖死金二斤，贖五歲刑金一斤十二兩，四歲三歲二歲，各以四兩爲差。又有雜抵罪，罰金十二兩、八兩、四兩、二兩、一兩之差。棄市以上爲死罪，二歲刑以上爲耐罪，罰金一兩以上爲贖罪。【註一】

【註一】漢以前所謂斬，均係要斬，棄市乃係斬首。周禮鄭注甚明。沈民刑法考：據晉志周顗等議肉刑云：「截頭、絞頸，尚不能禁」，以爲晉律議自魏代，斷爲魏之棄市，已爲絞刑。晉、宋、梁陳，相沿不改。考左傳哀二年，若其有罪絞縊以戮。杜註：絞所以縊人物。杜預晉人，若晉已用絞，不容僅以縊人物爲釋，是晉無絞刑明矣。梁、陳二代，其刑名有棄市而無斬刑，所謂無斬刑者，無腰斬之刑也，若謂死刑棄斬首而專用絞，恐無是理。今考魏志、晉書，實無處腰斬之刑者，疑魏晉律雖存腰斬之名。（魏、晉死刑，均係漢制，）而習用止爲斬首，至梁始廢之耳。不必强釋晉之棄市爲絞刑也。其以絞爲刑名，蓋自北魏始。

魏承漢後，又議肉刑。鍾繇傳：文帝臨饗羣臣，詔謂太祖欲復肉刑，此誠聖王之法，公卿當善共議。會有軍事復寢。此第二次議復肉刑也。晉志：明帝時，太傅鍾繇又上疏求復肉刑，詔下其奏。司徒王朗，議又不同。時議者百餘人，與朗同者多。帝以吳、蜀未平又寢。此第三次議復肉刑也。通典：齊王芳正始中，征西將軍夏侯玄，河南尹李勝又議肉刑，竟不能決。此第四次議復肉刑也。晉志：劉頌爲廷尉，頻表宜復肉刑，不見省，事在西晉。此第五次議復肉刑也。元帝即位，衞展爲廷尉，又上言復肉刑事經前聖，漢文除之，請復古施行。詔內外通議。元帝欲從展所上，大將軍王敦以爲皆姓習俗日久，忽復肉刑，必駭遠近，乃止。此第六次議復肉形也。安帝元興末，桓玄輔政，又欲議復肉刑、斬左右趾之法，以輕死刑，命百官議。孔琳之議不同。時論多與琳之同，故遂不行。（詳見南史孔琳之傳）此第七次議復肉刑也。【註二】

【註二】晉以後，唐太宗時又議一次，復用斷趾法，未數年除之，見舊唐書刑法志。宋神宗時，韓絳請用肉刑。王安石、馮京，互有辨論，迄不果行。見宋史。

第四章　南北朝

（一）南朝　宋齊沿用晉律，其刑制自與晉同。惟宋明帝太始四年，定黥刖之制，未幾而廢。隋志、梁律，其制刑爲十五等之差，棄市以上爲死罪，大罪梟其首，其次棄市。刑二歲以上爲耐罪，有髡鉗五歲刑笞二百，收贖絹男子六十疋，四歲刑男子四十八疋，三歲刑男子三十六疋，二歲刑男子二十四疋，罰金一兩以上爲贖，贖死者金二斤，男子十六疋，贖髡鉗五歲刑笞二百者金一斤十二兩，男子十四疋，贖四歲刑者金一斤八兩，男子十二疋，贖三歲刑者金一斤四兩，男子十疋，贖二歲刑者金一斤，男子八疋，罰金十二兩者男子六疋，罰金八兩者，男子四疋，罰金四兩者，男子二疋，罰金二兩者，男子一疋，罪金一兩者，男子二丈，女子各半之。又制九等之差，有一歲刑半歲刑百日刑，鞭杖二百五十三十二十一十。又有八等之差：一曰免官加杖督一百，二曰免官，三曰奪勞百日，杖督一百，四曰杖督一百，五曰杖督五十，六曰杖督三十，七曰杖督二十，八曰杖督一十。此梁之刑制也，贖罪以上十五等，略依晉制。一歲刑以下十七等，則梁律所增。梁書武帝紀：天監元年，詔許有罪入贖，三年又除贖罪之科。大同十一年，復開贖罪之科，蓋贖刑在梁時，曾一度廢止云，陳刑制同於梁。

（二）北朝

(二)北魏　魏志不載魏之刑名。惟志於世祖高祖定律屢稱五刑。是魏刑名原分五等。考孝莊紀：建義二年。曲赦畿內死罪至流人減一等，徒刑以下悉免。高閭傳：自鞭杖已上，至於死罪。皆謂之刑。是魏刑名以流、徒次死刑之下，又以鞭、杖次流徒之下。隋志：北齊、後周刑名，均有鞭杖，蓋沿魏制。故魏刑名為死、流、徒、鞭、杖之五。毫無可疑云。

(一)死刑　據魏志：世祖定律。死刑分轘、腰斬、斬、絞四等。高祖紀：定三等死刑。所謂三等者，卽梟首、斬、絞。魏志云：太和三年改律，重者止梟首，是也。世宗改律，於死刑史無明文。然據劉凱傳：轘凱於東市。事在世宗定律以後，是轘刑仍未盡廢。

(二)流刑　隋志：北齊後周流刑，均各加鞭笞。魏無明文，然以李崇趙修薛野睹等傳考之，知魏流刑各加鞭、笞一百，與北齊同。

(三)徒刑　徒刑亦稱年刑。魏志：神䴥中、除五歲、四歲刑，增一年刑。是世祖時徒刑僅三等，然據楊椿傳，有依律處刑五歲之文。事在世宗改律以後。是魏徒刑仍有五歲、四歲、三歲、二歲、一歲五等。北齊、後周，徒者皆加鞭、笞。魏無明文，以李訴及劉輝傳考之，知魏徒刑例必加髡，且鞭、笞也；惟鞭笞之數，則均不可考。」

(四)鞭刑　北齊鞭有一百、八十、六十、五十、四十，五等。魏書可考者，僅一百、五十兩種。疑當與北齊同。鞭者，鞭背。甄琛傳：趙修小人，背如土牛，殊耐鞭杖，是也。

(五)杖刑　北齊杖有三十、二十、十，三等。據任城王傳：有十杖已上百鞭已下之語。疑當與北齊同。

魏志：世祖定律，當刑者贖。尙書孔傳：漢及後魏，贖罪皆用黃金。後魏以金難得，合金一兩，收絹十疋。

魏書史臣曰：魏氏之有天下，百餘年中，任刑爲治，蹉跌之間，便至夷滅。太祖始定五族之制，此外又有三族門誅之名。高祖紀：延興四年，詔曰：「一人爲惡，殃及合門，深所愍悼。自今以後，非謀反大逆干紀外奔，罪止其身而已。」源賀傳：臣愚以爲自非大逆赤手殺人之罪，應入死者，皆可原命，謫守邊境。高宗納之。已後入死者皆恕死徙邊，是北魏又有徙邊之制也。魏仍有宮刑，於謀反大逆之子孫適用之。册府元龜：西魏天統十三年，詔自今應宮刑者，直沒官勿刑。

（乙）北齊　隋志：北齊刑名五：一曰死，重者轘之，其次梟首，其次斬刑，殊良首，其次絞刑，死而不殊，凡四等；二曰流刑，鞭笞各一百，投於邊裔，未有道里之差，其不合遠配者，男子長徒，女子配舂，並六年；三曰刑罪，有五歲、四歲、三歲、二歲、一歲之差，凡五等，各加鞭一百，其五歲者，又加笞八十，四歲者六十，三歲者四十，二歲者二十，一歲者無笞，并鎖輸左校而不髡，無保者鉗之，婦人配舂及掖庭織，四曰鞭，有一百、八十、六十、五十、四十之差，凡五等；五曰杖，有三十、二十、十之差，凡三等。大凡爲十五等。贖罪舊以金，皆代以中絹，死一百疋，流九十二疋，刑五歲七十八疋，四歲六十四疋，三歲五十疋，二歲三十六疋，各通鞭笞論。一歲無笞，則通鞭二十四疋，鞭杖每十，贖絹一疋，無絹之鄉，皆准收錢，又爲十五等。

(丙)後周隋志：周刑名：一曰杖刑、五：自十至五十。二曰鞭刑、五；自六十至百；三曰徒刑、五；徒一年者、鞭六十笞十，徒二年者、鞭七十、笞二十，徒三年者、鞭八十、笞三十，徒四年者、鞭九十、笞四十，徒五年者、鞭一百、笞五十。四曰流刑、五；流衞服去皇畿二千五百里者、鞭一百、笞六十，流要服去皇畿三千里者、鞭一百笞七十，流荒服去皇畿三千五百里者、鞭一百、笞八十，流鎮服去皇畿四千里者、鞭一百，笞九十，流蕃服去皇畿四千五百里者、鞭一百、笞一百、五曰、死刑，五；一曰磬，(唐六典作磔)二曰絞，三曰斬，四曰梟，五曰裂。合二十五等。

贖杖刑、五；金一兩至五兩。贖鞭刑、五。金六兩至十兩。贖徒刑、五；一年、金十二兩，二年、十五兩，三年、一斤二兩，四年、一斤五兩，五年、一斤八兩。贖流刑，一斤十二兩。俱役六年，不以遠近爲差等。贖死刑金二斤；應贖金者，鞭杖十，收中絹一疋。流徒者、依限歲收絹十二疋，死罪者、一百疋。

第五章 隋唐及宋

隋志：隋刑名有五；一曰死刑、二；有絞、有斬。二曰流刑、三；有一千里、一千五百里、二千里。應配者、一千里居作二年；一千五百里、居作二年半，二千里、居作三年。應住居作者，三流俱役三年。近流加杖一百，一等加三十。三曰徒刑、五；有一年、一年半、二年、二年半、三年。四曰杖刑、五；自六十至於百。五曰笞刑、五；自十至於五十。而蠲除前代鞭刑及梟首、轘裂之法。

應贖者皆以銅代絹，笞十者銅一斤；加至杖百，則十斤。徒一年、贖銅二十斤，每等則加銅十斤，三年則六十斤。流一千里、贖銅八十斤，每等則加銅十斤；二千里則百斤。二死皆贖銅百二十斤。

我國刑制。隋初爲一大變革，列舉如左：

(一)除宮刑　周禮司刑疏：宮刑至隋乃赦。書孔傳疏：漢除肉刑，宮刑猶在。惰開皇之初，始除男子宮刑。自此中國遂無宮刑。

(二)除鞭刑　見上【註一】

【註一】唐書：貞觀四年，除鞭背。刑法志：太宗嘗臨見明堂鍼灸圖，見人之五藏皆近背。遂詔罪人無得鞭背。此蓋隋已除，而唐初復行之也。

(三)除梟首　見上【註二】

【註二】通鑑：唐文宗太和九年，殺李訓等，梟其首於興安門。宋史：靖康元年，梟童貫首於市。開禧三年誅吳曦，梟三日。明大誥有梟，皆偶一行之，不爲例。

(四)除轘刑　見上【註三】

【註三】五代史李存孝傳，車裂以徇。通鑑：唐昭宣帝天祐二年，車裂張廷範於市。自隋後僅見此二事。

（五）除孥戮相坐之法　見隋志【註四】

【註四】考夷三族始於秦。北魏孝文帝始罷門房之誅。此制遂廢。明史卓敬傳：誅其三族。成祖誅夷甚衆。而史稱夷三族，止卓一人。

（六）始以笞刑，列入五刑。【註五】

【註五】笞刑，漢已用之。漢志：當笞者笞臀　註：如淳曰：然則先時笞背也。史記范雎傳：魏齊使舍人笞擊雎，折脅摺齒。知古笞皆笞背。文帝乃改笞臀也。唐律疏義：漢時笞用竹，今時則用楚。此其不同者。漢犯笞無不死者。終滿之世，此刑遂不常用。其必異於隋、唐之笞，明矣。

惰之刑制，歷唐至清，相沿不改。可謂得古今之平。然後世謂刑之慘酷，捨暴秦外，首及隋氏。甚矣非立法之難，而用法之難也。孟子曰：「徒法不能以自行。」斯言諒哉！

唐之刑名，見於唐律疏義，因隋制而略有損益，列舉於下：

笞刑、五　笞十至五十。

杖刑、五　杖六十至於百。

徒刑、五　自徒一年以半年爲差，至於三年。

流刑、五　自流二千里、二千五百里、三千里，三流皆役一年【註六】

【註六】此外尙有加役流者，本係死刑。武德中改爲斷趾。貞觀六年，改爲加役流。蓋常流惟役一年，此則役三年，故名加役流。

死刑、二　絞、斬。

贖罪　凡贖罪以銅，自笞十銅一斤，至杖一百則銅十斤；徒一年二十斤，至徒三年則六十斤；流二千里銅八十斤，至流三千里則百斤；絞、斬，銅一百二十斤。

（二）宋之刑名，純於唐同。宋刑統久無傳本，僅天一閣書目有抄本，而卷首數頁殘缺。今民國七年刊本，蓋取唐律補入，非原書也。元王元亮唐律表五刑圖說，載有宋刑名，其與唐不同者：笞刑、杖刑下，均附有決臀杖，自七下至二十；徒刑流刑下，均附有決脊杖，自十三下至二十下；死刑下，附有決重杖一頓。以此爲異。

第六章　遼金元

遼史刑法志：遼刑有四：曰死，有絞、斬、凌遲之屬。曰流，曰徒，有終身、五年、一年半三等。曰杖，自五十至三百。然遼刑最酷，以遼史考之，尚有炮烙、鐵梳、䥫、梟、磔、生瘞、射鬼箭、腰斬、支解、鐵骨朵、宮刑、諸慘刑，爲隋、唐以來所未見，猶未脫夷狄之習，無研究價值。略之。

金初舊俗，輕罪笞以柳，殺人及盜刦者擊其腦，殺之。及泰和定律，純依唐制。泰和律義，原書久亡。元王元亮五刑圖說，載金刑名：其與唐不同者，惟徒刑五，改爲徒刑七。自一年至五年；一年決杖六十，至五年則決杖一百；一年加杖一百二十，至五年則加杖二百。以此爲異。其贖銅之數，均倍於唐。

元之刑名，載於元史刑法志，蓋本於大元通制。茲列舉之：

笞刑　七下：十七、二十七、三十七、四十七、五十七。【註一】

杖刑　六十七、七十七、八十七、九十七、一百七。

徒刑　一年、（杖六十七）一年半、（杖七十七）二年、（杖八十七）二年半、（杖九十七）三年。（杖一百七）

流刑　遼陽、湖廣、迤北。

死刑　斬、凌遲。

【註一】知新錄：元人笞刑、杖刑，何以止于七也；草木子曰：元世祖定天下之笞刑、杖刑，原曰：天饒他一下，地饒他一下，我饒他一下。自後每笞、杖刑減三下。

第七章　明及清

明之刑制，見於明律，錄之於左：

笞刑、五　一十、（贖銅錢六百文）二十、（一貫二百）三十、（一貫八百）

杖刑、五　四十、(二貫四百)五十。(三貫)六十、(三貫六百)七十、(四貫二百)八十、(四貫八百)九十、(五貫四百)一百。(六貫)

徒刑、五　一年杖六十、(一十二貫)一年半杖七十、(一十五貫)二年杖八十、(一十八貫)二年半杖九十、(二十一貫)三年杖一百。(二十四貫)

流刑、三　二千里杖一百、(三十貫)二千五百里杖一百、(三十三貫)三千里杖一百。(三十六貫)

死刑、二　絞、斬。(四十二貫)

明徒、流加杖，爲唐律所無。蓋沿宋制。元徒刑亦加杖，是兼參元制也。此外尚有凌、遲之刑，不入五刑之內，凡十三條。

明志：太祖懲元縱弛之後，刑用重典。然特取決一時，非以爲則。後至三十年，始申畫一之制。蓋明祖猛烈之治，寡仁之詔，相輔而行，未嘗偏廢。及成祖靖難師起，假閹寺以爲鷹犬，馴至太監亂政，錦衣衛、鎭撫司、東西廠相繼而設。終明之世，刑法不衷古制者，廷杖是已。圖書集成祥刑典引刑法志：【註一】故事凡杖而以繩縛兩腕囚服逮赴午門外，每入一門，門扉隨闔。至杖所，列校百人，執木棍林立。左右厲聲喝閣棍，則一人持棍出，閣於囚股上。喝打，則行杖。杖之三，則喝令着實打。或伺上意不測，曰用心打，則囚無生理矣。五杖而易一人，喝如前，每喝則環列者，羣和之。凡杖以布承囚，四人舁之。杖畢，舉布擲諸地。【註二】查浦輯聞云：午門廷杖，黠者每視其足，足如箕張，則囚可生。鞾尖一斂，則囚無生理矣。聞諸惡少年，行習杖時，先縛革爲二人，一眞甎於中，一紙裹其外，俱以衣覆之。眞甎者視之若輕，徐解而觀，則甎都裂。紙裹者視之極重，而紙無傷。能如是則入選。明志謂廷杖之制，自太祖始，持偶一爲之，不虞其子孫，因是而亡其國也。【註三】

【註一】祥刑典係註明史刑法志，而今明史無此文，疑明史稿也。

【註二】廷杖之慘，參照碧血錄，在知不足齋叢書中。

【註三】廷杖爲有明一代粃政，然其事則不始於明。如東漢世祖之杖丁邯；（見北堂書鈔。）明帝九卿皆鞭杖；（見通典）隋高祖好於殿廷打人；（見隋書）特不及明之慘酷耳。

皇朝文獻通考：順治三年，定五刑之制：一曰笞刑，自一十至五十，每十笞爲一等，凡五等，用小竹板折責，每十笞責四板，旗人犯笞者以鞭代之，二曰杖刑，自六十至一百，每十杖爲一等，凡五等，用大竹板折責，折數與笞刑等。三曰徒刑，自一年至三年，每半年爲一等，凡五等，各依年限應役，五徒各予以杖，自六十至一百。到配折責。四曰流刑，分二千里、二千五百里、三千里爲三等，三流通杖一百，到配折責。五曰死刑，曰斬、曰絞，皆有立決監候之別。

五刑之外，有較流徒加重者，漢曰充軍。康熙年間，分充軍爲五等：曰附近，曰邊衛，曰邊遠，曰極邊，曰煙瘴。此外尙有雜犯流罪，準徒四年；雜犯斬絞，準徒五年。兩種均仍明制；惟明僅有凌遲，清於凌遲外，又加入梟示，此其不同者。

第四篇　關於中國法制之研究

第一章　成年制度之沿革

歐洲各國刑法，均有責任年齡之制，而民法亦必定以若干歲爲成年。我國古制，悼與耄雖有罪不加刑，見於曲禮，老者與幼者同受保護，與西律不同。清律名例。凡年七十以上十五以下，犯流罪以下收贖，八十以上十歲以下，犯殺人應死者議定奏聞，取自上裁。盜及傷人者亦收贖，餘皆勿論。九十以上七歲以下，雖死罪不加刑，計分三級。蓋純本唐制也。至民法上成年之制，則歷代不同：漢書食貨志，載民年二十受田，六十歸田。是井田時代，民皆以二十爲成年也。周禮：鄉大夫以歲時登其夫家之衆寡，辨可任者，國中自七尺以及六十皆征之。疏：七尺、謂年二十。曲禮：人生十年曰幼學，二十曰弱冠。疏：幼者自始生至十九時。詩序疏：童者、未成人之稱，年十九以下皆是也，據此，知周時以二十爲成年也。

古者民皆有兵役義務，必成年而後役之。漢書高帝紀：發關中老弱未傅者。注：二十三爲弱，五十六爲老。景帝紀：令天下男子年二十始傅。註：師古曰：舊法二十三，今此二十，更爲異制也。鹽鐵論：今陛下哀憐百姓，寬力役之征，二十三始賦，五十六而免。據此知漢初以二十三課役，景帝改爲二十，昭帝時又復舊制也。

我國以成年爲成丁，未成年謂之未成丁。然漢時尚無丁名。丁之名蓋自晉始。晉書食貨志云：制戶調之式，男女十六已上至六十爲正丁；十五已下至十三。六十一已上至六十五，爲次丁；十二已下、六十六已上，爲老小，不事。是晉時以十六爲全丁。然當時頗有反對者。范甯傳：甯上疏曰：「禮十九爲長殤，以其未成人，十五爲中殤，以爲尚童幼也。今以十六爲全丁，則備成人之役矣，以十三爲半丁，所任非復童幼之事矣。宜修禮文，以二十爲全丁，十九爲半丁，則人無夭折。生長滋繁矣。」然未實行也。

宋承晉後，元嘉之時，尚以十六爲全丁。通典：宋孝武大明中：王敬宏上言：宜以十七爲全丁，十五至十六爲半丁。帝從之。是宋時又改十六爲十七。

南朝以十七爲全丁，而北朝則增爲十八。通典：齊河清三年，乃令男子十八以上六十五以下爲丁，十六以上十七爲中，六十六以上爲老，十五以下爲小。是爲丁、中、老、小、之名所自始。後周雖無丁、中之名，而十八任役，則同於齊。隋志：後周太祖作相，創制六官。司賦，凡人自十八以至六十有四皆賦之。司役，凡自十八以至五十有九，皆任於役。

隋文帝初立，頒新令：男女三歲已下爲黃，十歲已下爲小，十七已下爲中。十八已上爲丁，丁從課役，六十爲老乃免。是隋初雖變北齊之制，而十八爲丁，則未改也。開皇三年，乃令人以二十一歲爲成丁。煬帝卽位，戶口益多，男子以二十二歲爲成丁。唐初又復開皇之舊。武德七年，定令：男女始生爲黃，四歲爲小，十六爲中，二十一爲丁，六十爲老。天寶三載，制自今百姓宜以十八以上爲中，二十三以上成丁。廣德元年，制百姓二十五成丁，五十五老。是唐時凡三變。高祖時以二十一爲成丁，玄宗時改二十三，代宗時又改二十五也。

宋又以二十爲丁。宋史食貨志：其丁口男夫，二十爲丁，六十爲老。南渡後，又改二十一。慶元條法事類引宋戶令、諸男年二十一爲丁。其時金則以十七外爲丁，金史食貨志：金制十七爲丁、六十爲老。

明志：太祖卽位之初，定賦役法：丁曰成丁，曰未成丁，凡二等。民始生，籍其名曰不成丁，年十六曰成丁，成丁而役，六十而免。

總觀歷代之制，自十六至二十五，有此八等。沈家本云：漢景帝令男子二十而傅，爲古受田之歲，最爲得中。定成年者，當以此爲法云。

第二章　婚姻制度及離婚

我國爲文化發達最早之國，太昊伏犧氏時代，卽已有婚姻制度。通鑑前編：上古男女無別，伏犧始制嫁娶，以儷皮爲禮。路史：女媧佐太昊，正姓氏，職婚姻，約當紀元前三千年之頃。其謂之婚者，說文：禮娶婦以昏時，故曰婚。儀禮士昏禮：婦至卽行三飯、三酳之禮，禮畢而燭出。鄭目錄云：士娶妻之禮，以昏爲期，因而名焉。白虎通：婚姻者，何謂也，昏時行禮，故謂之婚也。蓋古人娶妻，必行親迎之禮，婿以昏時至妻家，女因之而入夫家。此製字之義也。爾雅釋親：壻之父爲姻，婦之父爲昏。蓋婚姻一方生夫婦之關係，同時夫婦一方與他方，亦生一種親族關係。此又婚姻之一義也。

婚姻之目的，在於繼承血統，以繁殖子孫。禮記昏義云：昏禮者，將合二姓之好，上以事宗廟，而下以繼後世也；故君子重之。卽表示婚姻之目的也。故舊日擧行婚禮，恆於祖先之前行之，爲上下一般之通則。此我國人口繁殖之一原因也。

婚姻之要件，可分爲實質上、形式上論之：

(一)實質上要件：

(甲)達於適婚年齡　通典：太古，男五十而娶，女三十而嫁；中古，男三十而有室，女二十而嫁。曲禮：三十曰壯有室，內則十五而笄，二十而嫁。此特定婚姻之最高年齡，與近世婚姻年齡之性質迥異。非必三十始許娶，二十始許嫁也。家語：魯哀公問曰：「男子十六精通，女子十四而化；是則可以生民矣。而禮：男子三十而有室，女二十而有夫也。豈不晚哉？孔子曰：「夫禮言：其極、不是過也。男子二十而冠，有爲人父之端；女子十五許嫁，有適人之道。」據此知男二十女十五，爲我國之適婚年齡。

(乙)非同姓 曲禮：娶妻不娶同姓。左傳：男女同姓，其生不蕃。又云：內官不及同姓，其生不殖，美先盡矣，則相生疾。大傳：雖百世而婚姻不通者，周道然也。蓋夏、殷雖同姓，五世之後，仍可通婚；至周始嚴其制也。【註一】唐律：諸同姓爲婚者各徒二年。疏義：同宗共姓，皆不得爲婚。是唐律之同姓，專指同宗。明律，區同宗同姓爲二，雖不同宗，猶禁絕之。清光緒末，删清律同姓禁婚，與親屬禁婚條合併。雖同

姓而非同宗者不罪之。【註二】

【註一】陔餘叢考云：史記：帝堯與舜，皆黃帝之後。計其世數，則堯之女，於舜爲曾祖姑，而以配之。其時雖未有同姓不婚之制，然亦或遂古之傳訛，未可盡信也。同姓爲婚，莫如春秋時最多。論語：魯昭公娶於吳同姓，謂之吳孟子。左傳：慶舍以女妻盧蒲癸。或曰：「男女辨姓，子不避宗。何也？癸曰：「宗不余避，余獨焉避之。」此皆春秋時亂俗。漢以後此事漸少。白孔六帖：魏司空王基，當世大儒，而爲子納司空王沉女，以姓同而源異也。晉書：劉聰欲納太保劉殷女，以問劉景等。皆曰太保乃周劉康公之後，與聖氏本源既殊。遂納之。北魏本無同姓爲婚之禁。孝文帝詔曰：「夏、殷不嫌一族之婚，周世始絕同姓之娶。皇運初基，未遑釐改。自今悉行禁絕。有犯者以不道論。」唐書：李光進之母李氏。

【註二】寄簃文存云：古之言姓者，本於五帝。見於春秋者二十有二。左傳：因生以賜姓，胙之土而命之氏。是姓與氏有別也。戰國以下，以氏爲姓。司馬遷史記：姓與氏混而爲一。自是姓氏不分。古稱同姓，未有不同出一祖者。自姓氏不分，其氏雖同，而其祖不同。且自元魏改代北之姓，凡三字二字者，並爲一字。遂與中原古姓相亂。明洪武時禁用胡姓，並中原自有之複姓，亦去一字，氏族之紊，莫甚於此。他如因避仇而改，因避國諱而改，更有異姓爲後，以及漢、唐之賜姓。五季之義兒。若此之類，日久之後，氏族混淆其本非同出一祖，而亦以同姓論，同姓爲婚之律，徒存此虛文。而無當於實事者也。唐人明乎同姓之義，故疏義以同宗共姓爲限。明律乃區同宗於同姓之外，罪名則視唐爲輕，範圍則視唐爲廣；大非唐律之本意。此由未明乎同姓之義故也。

(丙)一夫一妻　重婚之禁，世界所同。唐律諸有妻更娶妻者徒一年，各離之。疏義：一夫一婦，不刊之制；但爲防宗嗣之斷絕，法律上限於無子者，明認妾之制度。明律：其民年四十以上無子者，方聽娶妾。

(丁)當事者之同意　唐、明律均有妄冒之條。明律註云：女家妄冒，謂如女有殘疾却令姊妹妄冒相見後，却以殘疾女成婚，男家妄冒，謂如男有殘疾，卻令弟兄妄冒，相見後，却以殘疾男成婚。雖已成婚者，猶離異之。

有父母者，必取得父母之同意，詩：娶妻如之何，必告父母是也。

唐、明律：凡婚姻必有主婚人。然事實上仍不能不尊重當事者之意思。曲禮：男女非有行媒，不相知名。故雙方之意思，通常依媒妁之介紹爲之。【註三】

【註三】周禮：媒氏掌萬民之判。管子入國篇：凡國都皆有掌媒。丈夫無妻曰鰥，婦人無夫曰寡，取鰥寡而和合之。是古所謂媒，皆官媒也。燕策：周地賤媒。爲其兩譽也。之男家，曰女美，之女家，曰男美。是私媒至周末、乃盛行。

婚姻既以當事者之合意爲必要，故明律規定若卑幼或仕宦或買賣在外，其祖父母，父母及伯叔父母、姑兄姊，爲後定婚，而卑幼自娶妻已成婚者，仍舊爲婚。其尊長所定之女，聽其別嫁；惟未成婚者，仍從尊長所定。

(二)形式上要件　婚姻方式，歐洲有宗教結婚與民事結婚之異；然皆必須有公示及證書之方式；其爲要式行爲則同。我國則方式尤爲嚴重。古代所行者，有六禮之制：卽一納釆、二問名、三納吉、四納徵、五請期、六親迎。缺其一，則婚姻不成立。其說本於禮記之昏義，但手續稍過繁重，後世如朱子家禮之類，則以問名合於納采，以納吉請期合於納徵，略六禮爲三禮。此禮制上之形式要件也。至法律上，則唐、明律皆以婚書爲形式要件云。

我國法律，本所以補助禮教。明律：其應爲婚者，雖已納聘財，期約未至，而男家強娶。及期約已至，而女家故違期者，並笞五十。卽所以保障請期之效力也。

婚姻豫約，我國謂之定婚，歐、美諸國，婚姻豫約，或認爲無效，或止爲損害賠償之原因。我國則定婚爲有效。唐律：諸許嫁女已報婚書，及有私約，而輒悔者，杖六十；雖無許婚之書；但受聘財亦是。明律：凡男女定婚之初，若有殘疾老幼庶出過房乞養者，務要兩家明白通知，各從所願，寫立婚書，依禮聘嫁，若許嫁女已報婚書，及有私約而輒悔者，笞五十。雖無婚書，但曾受聘財者亦是。較唐律爲詳。所謂私約者，唐律註：約、謂先知夫身老幼殘疾養庶之類。清律輯註：有媒妁通報而寫立者爲婚書。私下議約者爲私約。詳言之，卽不依媒妁，由兩家主婚者約定之婚書也。然唐、明二律所定者，爲女家之反悔。至男家之反悔，則未有明文。至淸代則附例以保障女家之權利。凡期約已至五年，無故不娶，及夫逃亡，三年不還者，經告官給執照，並聽別行改嫁，不追財禮。

定婚爲一種要式行爲，以主婚人及媒妁人爲不可缺之要素。而法律上卽以主婚人、媒妁人，爲婚姻之責任者。明律：凡嫁娶違律，若由祖父母、父母、伯叔父母、姑、兄、姊及外祖父母主婚者，獨坐主婚。餘親主婚者：事由主婚，主婚爲首，男女爲從；事由男女，男女爲首，主婚爲從；若媒人知情者，各減犯人罪一等。

禮記：妻者齊也。一與之齊，終身不改。故離婚之事甚稀，且以歷史上離婚之事實證之，所謂離婚者，爲姻族關係消滅之義，非今民法上之離婚也。世說：賈充前婦，是李豐女。豐被誅，離婚徙邊，後遇赦得還。充先已娶郭配女。武帝特聽置左右夫人。舊唐書：李德武妻裴氏傳：淑字英，戶部尙書安道公女也。德武坐從父金才事，徙嶺表。矩奏德武離婚。煬帝許之，裴守之以死，必無他志。蓋離婚者。謂因犯罪或其他事故，致姻族關係消滅。然夫婦之關係，仍不因之消滅也。唐、明律不用離婚之文字，或曰離異，或止曰離。夫之强制離婚，則曰出妻；其協議離婚。則曰和離。不曰離婚也。

離婚之原因，大別爲左之二種；

(一)强制離婚，亦分爲二：

(甲)由官制離婚者， 又分爲二：

(1)違律結婚 唐律所規定者，有同姓爲婚，尊卑爲婚，有妻更娶，居父母及夫喪嫁娶，娶嘗爲袒免親之妻，娶逃亡婦女爲妻，和娶人妻，夫喪守志强嫁等。明律增娶同宗無服之親，官吏娶樂人爲妻，僧道娶妻等。犯此者俱離之。

(2)義絕 義絕之解釋，詳於疏義：卽(一)夫毆妻之祖父母、父母，殺妻外祖父母、伯叔父母、兄、弟、姑、姊、妹。(二)夫妻祖父母、父母、外祖父母、伯叔父母、兄、弟、姑、姊、妹自相殺。(三)妻毆詈夫之祖父母、父母，殺傷夫外祖父母、伯叔父母、兄、弟、姑、姊、妹。(四)妻與夫緦麻以上親姦，(五)夫與妻母姦，(六)妻欲害夫。唐律：諸犯義絕者離之，違者徒一年，

(乙)由夫强制離婚者，是卽所謂七出。疏義列舉其範圍：卽、一無子，二淫泆，三不事舅姑，四口舌，五盜竊，六妬忌，七惡疾。蓋純本漢制。(已詳漢律中)然漢時尙聞有此事實；如焦仲卿孔雀東南飛之詩是也。唐以後雖有此律，久等具文。清律輯註：七出乃以禮出，須謂必應出，與義絕不同。

(二)協議離婚　唐律：若夫妻不相安諧而和離者不坐。明、清律略同；卽承認協議離婚之制也。

離婚之際，關於財產之處分如何，漢律有棄妻畀所賫之條。嘉慶會典事

例：凡夫妻不和諧而離異者，其女現在之衣飾嫁裝，憑中給還女家。蓋純本漢制也。

離婚之效果，我國之特點有二：

（一）爲甲妻者，雖離婚後，與甲之親族。不得通婚。明、清律均規定之。

（二）妻有子時，雖離婚後，仍留保其親子關係。清律：父死亡後母改嫁者，謂之嫁母；被出於父者，謂之出母。其喪服圖註，嫁母出母，雖義絕於父，而子無絕母之理，故服杖期。蓋親子以天合，無所逃於天地之間也。

夫婦之關係，通例因配偶者一方之死亡而消滅，我國則否。惟法律上對於夫之死亡，於喪服滿後，仍許其有改嫁之自由；但不得反於本人之意思，而追其改嫁。唐律：諸夫喪服除而欲守志，非女之祖父母父母而强嫁之者，徒一年。離之，女追歸前家。娶者不坐。

第三章　法律上之養子

我國本家族主義之國，爲子孫者以承奉祭祀，繼續血統爲當然義務。而繼承又限於男系，故凡家無男系之近親血族時，法律上許其以昭穆相當者爲養子。其以異姓爲養子者，謂之異姓亂宗，爲法律之所禁。此唐律、明、淸律之所同者。

然以歷史徵之，不乏異姓養子之例。後漢時，聽中官養義子襲封爵，見後漢書。五代時，唐明宗爲李克用養子。廢帝從珂，又爲明宗之養子。周世宗亦郭威之養子，皆襲帝位。其他如前蜀王建，最喜養子。南唐李昪，亦徐溫之養子也。是此風五代最盛行。明太祖初起，好養異姓兒，稱爲某舍，見明史。積久沿襲成俗。至今閩、粵猶有乞買異姓兒。以爲己子者。

我國宗法之原理，養子爲隨意法，非强行法；限於無子時聽許之而已。蓋古代宗法，本以嫡子繼承爲原則，其衆子衆孫，則別創設一家，謂之別子宗法。禮記：別子爲祖，繼別爲宗是也。此本封建遺制，然後世立嫡之法，皆準據之。唐律：諸立嫡違法者徒一年，卽嫡妻年五十以上無子者，得立庶以長，不以長者亦如之。疏義引戶令：無嫡子及有罪疾，立嫡孫，無嫡孫，以次立嫡子同母弟；無母弟，立庶子；無庶子，立嫡孫同母弟；無母弟，立庶孫。曾玄以下準此。無後者爲戶絕。由此觀之。凡無後者，槪爲戶絕。養子幷非法律之强制，他方又禁以子孫妄爲人後，以紊亂宗法。唐律以子孫妄繼人後者徒二年，子孫不坐。是雖同宗，亦不許妄與人爲子也。

養子大別有左之種類：

(一)過繼子　過繼子者，謂同宗親之卑屬，爲其尊屬之後繼者也；禮制上通稱爲人後者。唐律止種養子；明、淸律之附例，或曰繼子，或曰過繼。大抵以甲房之子繼承乙房。南方通稱爲過房子。

過繼子爲正式之養子，故法律制限極嚴。唐戶令：旣明定以昭穆相當爲限，明律：若立嗣雖係同宗，而尊卑失序者，罪亦如之。其子歸宗，改立應繼之人。

如何之條件而後可爲養子耶？明清會典及附例所定者，約之凡有三種：

(甲)家無可繼承之男子時　此時唐、明、清律，均以昭穆相當爲養子之條件。所謂昭穆相當者，謂與子在同等之列位，指其同宗之姪。所謂姪者，不限於兄弟之子，從姪、再從姪亦包含之。【註一】但須先其親者，其以尊輩同輩孫輩爲養子者，謂之昭穆失序。法律上禁止之。

【註一】說文：姪、兄之女也。桂氏義證引戴侗曰：「今人謂兄弟之子曰姪，非也。古者兄弟之子皆曰子。漢書疏廣與其兄子受父子並爲師傅是也。」陔餘叢考：凡男子稱兄弟之子當曰從子。經書所載，有未稱姪者，姪乃文兄弟之女也。顏氏家訓：兄弟之子，北人多呼爲姪。是此俗始於北朝。漢、晉以前，無此稱謂也。

(乙)婦人死守志時　婦人有子者，夫死以不去夫家爲原則，無子者以本人之意思，定其去就。淸律附例：凡守志留夫家者，承繼夫之財產，憑夫家族長，擇昭穆相當者爲嗣。其改嫁者，夫家之財產及有粧奩，並任前夫戶主之處分。未舉行婚姻而既受聘財者，準用之。

（丙）出兵陣亡時　凡出兵陣亡者，支屬內無可爲嗣者，而其父又無別子時，先爲其父立繼，俟其生孫，然後再爲死者之後。

以上三者之外，尋常之夭亡者未婚者，概不許立後。但獨子夭亡，而族中無可爲其父之嗣者時，許爲獨子立嗣。設爲其嗣者，亦獨子時，闔族取具甘結，准其承繼兩家。世稱爲獨子雙祧。

過繼子之效力，全與實生子同一之關係，卽一方有取得養家財產之權利，同時卽有服從養家親權之義務。養親後自生子時，不失子之身分，謂之原立子。清律附例：規定家產與原立子均分；但因過繼子之意思，得還實家。喪服則對於養父母服三年喪，而生父母則降一等。

養子不得無故離去養家，違者罪之。但設二例外：一養親自生子時，二本生父母無子時。限於此二種情形，許之。唐、明律均同。惟養親則有任意遣還之權利。疏義云：若養家自生子，及雖無子不願留養，欲遣還本生者，任其所養父母。

(二)義子　亦曰螟蛉子，唐律謂之異姓男，絕對禁止。凡養異姓男者徒一年。明則限於不從其姓或不立爲嗣者許之。明律：其乞養義子以亂宗族者，杖六十。若以子與異姓人爲嗣者，罪同；其子歸宗。

法律上雖禁義子，而實際上盛行於南方，與過繼子殆無所異。

(三)養女　唐律惟禁養異姓男，故疏義釋爲養女不坐。養女之種類不一；有以補助家務爲目的者，有以招壻爲目的者，甚有以圖利益賣爲娼妓爲目的者。其使配自己之男子者，俗稱爲媳婦仔，但法律上賣買子女仍禁止之。

(四)收養棄兒　唐、明律雖禁養異姓子，而於收養棄兒則許之。唐律：其遺棄小兒年三歲以下，雖異姓聽收養，卽從其姓。蓋我國姦罪極嚴，棄兒之風特甚，故不得已而有此規定也。疏義釋之云：父母後來識認，合還本生。失兒之家，量酬乳哺之直。淸律附註：但雖無子，不得立爲嗣。

明律尚有收留迷失子女之規定。凡收留人家迷失子女，不送官司，自留爲妻、妾、子、孫者，杖九十，徒二年半。清律則以收養棄兒，全屬養家之權利。其附註云：小兒成人後，親生父母告認者不准，以示與迷失區別云。

第四章 唐明律之傷害罪

舊律，傷害罪，分爲因於賊盜之傷害與因於鬭毆之傷害。唐律，以前者規定於賊盜篇，後者規定於鬭訟篇。明律改其體裁，合併於刑律篇，關於賊盜事項，則爲賊盜一章。而以其中關於人命事項，分設人命一章。清律因之。

唐、明律傷害罪，計分六種：

(一)謀殺 豫有殺害之計劃，而後殺人，謂之謀殺。疏義釋之曰：謀殺者，謂二人以上。考晉書引張斐律衣：二人對議，謂之謀。此卽疏義解釋之所本。但疏義特設例外，謂事已彰露，欲殺不虛，雖使一人，亦同二人謀法，使準用謀殺之規定。蓋例外也。因謀殺以二人以上爲要件，故法律有加功、不加功之別，造意者與從者之別，自殺與雇人殺之別，均分別定之。

謀殺之意義，因時代而變化；至於明、清，則明認一人之謀殺。清律謀殺人條下註云：或謀殺諸心，或謀諸人，是也。別註云：先設殺人之計，後行殺人之事，謂之謀殺。

(二)故殺　故者對過失而言。書大禹謨：刑故無小。孔傳：故犯雖小必刑。張斐律表：其知而犯而犯之謂之故；卽今所謂故意犯也。漢律尙無故殺之名，始見於唐律。疏義：謂鬬而用刃，卽有害心，及非因鬬爭，無事而殺，是名故殺。所謂事而殺，定義頗欠分曉。良慶二年白居易上言：「律疏云：不因爭鬬，無事而殺，名爲故殺。此言事者，謂鬬爭之事，非該他事。天下之人，豈有無事而殺人者。足明爲爭鬬之事，非他事也。」(見通考一百七十)此唐時之解釋也。徽宗建中靖國元年、大理寺卿周鼎言：「律鬬殺人者絞，故殺人者斬，法寺斷案，每於故鬬之際，議論不一。蓋泥刑統所謂非因鬥爭無事而殺，是名故殺。殊不知無事而殺者，以言無彼此爭鬥之事而殺人者」云云。（見通考一百六十七）是宋代亦承用舊說，尙無異議也。迄於明、清，而故殺之解釋一變。清律註云：臨時有意欲殺，非人所知曰故。沈氏寄簃文存云：自明律以金及殺人者與他物手足同科，勢不能不以有無害心爲鬥故之界限。順治年間，遂將此意纂入律註，又加臨時二字以區別之。於是「臨時有意欲殺非人所知」十字，奉爲故殺確不可易之註解。二百數十年來，無敢異議者。蓋古今解釋不同如此。【註一】

【註一】寄簃存中有論故殺一篇，凡數萬言，力指律註之謬，文長不錄。

（三）鬬毆殺傷　此謂因鬬毆而致於殺傷人，較故殺減一等；唐、明律均同。其減等之理由，以其原無殺意。故唐律用刄致死者，準故殺論。

（四）誤殺傷　誤殺傷者，謂甲本欲擊乙，而誤殺傷丙，與周禮三宥之一所謂不識者相當。唐律：凡鬥毆而誤殺傷傍人者，以鬬殺傷論。疏義：謂其元有害心，故不從過失也。

(五)戲殺傷　戲殺傷者，謂因角力或其他之遊戲而殺傷人也，以其原無害意。故唐、明律均較鬬殺傷減二等。但用兇器或危險地方相戲而致殺傷人者，雖無惡意，而戾於常情，故止減一等。

(六)過失殺傷　過失殺傷者，謂耳目所不及思慮所不到而誤殺傷人也。疏義略示其例：耳目所不及，如彈射，耳不聞人聲，目不見人出，而致殺傷；思慮所不到，如幽僻之所，不應有人，投丸而誤殺傷；或因擊禽獸而誤殺傷人之類。舊律於此均依法收贖，以金錢給付被害者之家，或充負傷者之醫藥費。

傷害罪之審判，有一定程式。卽按創傷之輕重，附以一定期限。待其經過，然後審斷加害者之罪。其程式謂之保辜，其期限謂之保辜限期。清律註云：毆傷人未致死者，當官立限以保之；卽保辜之定義也。其期限，唐律所規定者凡四：

(一)手足毆傷人，限十日。

(二)以他物毆傷人者，二十日。

(三)以刃及湯火傷人者，三十日。

(四)折跌支體及破骨者，五十日。

限內死者，各依殺人論；其在限外，及誰在限內，以他故死者，各依本毆傷法。明、清律加入責令犯人醫治之文；並手足他物爲一，均爲二十日。而於破骨之下，增入墮胎字樣，並有辜內醫治平復減二等之規定；較唐律尤密。清代又於條例別設補充期限。律定之期限，謂之正限；補充期限，謂之餘限。重傷二十日，輕傷十日。情法兩全。日人東川德治盛稱此制，以爲我國立法之一大特色云。

第五章　自首與覺舉

自首之制，世界各國刑法，殆無其例。蓋我國法律，本以補助道德所不及，許入以改過自新。故有此特例也。書康誥：旣道極厥辜，時乃不可殺。

明丘瓊山以此爲後世自首制度之起源。漢律謂之自告。漢書衡山王傳引漢律：先自告除其罪，是也。然漢時對於重罪，恆爲除外。如伍被傳：被詣吏自告與淮南王謀反，卒就誅夷，其一例也。曹魏定律，始用自首之文字；然猶循漢例，不盡免除其罪。魏志宣王遂至壽春，張式等皆自首，乃窮治其事是也。其他魏志紀自首事，不一而足。故知律稱自首，當自魏始。晉律亦曰自首。晉書庾純傳：純詣廷尉自首，詔免其罪，是也。梁、陳二代，均沿晉制。梁書武帝紀：詔閽丁匿口，開恩百日，各令自首，不問往罪。陳書華皎傳：開恩出首，一同曠蕩。知南朝律文，均有自首之條也。

北朝元魏定律，多襲漢制；故仍沿自告之用語。周書柳慶傳：廣陽王欣家奴，面縛自告。因此推窮，盡獲黨與。事在魏末。是魏律猶稱自告也，北齊、後周及隋史，未載有自首事實，缺略無考，其規定最詳者，莫如唐律。茲舉其制如左：

(一)自首免罪之條：

(甲)諸犯罪未發而自首者，原其罪。(註：正贓猶徵，如法)。

(乙)其輕罪雖發，因首重罪者，免其重罪。

(丙)卽因問所劾之事，而別言餘罪者，亦如之。

(丁)諸犯罪共亡，「輕罪能捕重罪首，及輕重等，獲半以上首者，皆除其罪。

關於自首，尙有二特例：

(一)自首不限於本人；卽遣人代首，若於法得相容隱者爲首，及相告言者，各聽如罪人身自首法。

(二)限於特定犯罪，對於事主自首，與首官有同一效力。諸盜詐取人財物，而於財主首露者，與經官司自首同。

(三)自首減罪之條：

(甲)自首不實及不盡者，以不實不盡之罪罪之，至死者聽減一等。

(乙)其知人欲告，及亡叛而自首者，減罪二等。卽亡叛者雖不自首，能還歸本所者，亦同。

(丙)因罪人以致罪，若罪人自首，及遇恩原減者，亦準罪人原減法。

(三)自首不能免罪之條：

(甲)其聞首告，被追不赴者，不得原罪。

(乙)其於人損傷，於物不可備償。卽事發逃亡者，越度關及姦，並私習天文者，並不自首之例。

唐律之精神，自首除於人有損傷於物不可賠償者，及少數例外外。概以免罪爲原則。故雖謀反大逆，仍適用自首免罪之法，且可遣人代首。對權利者自首，與首官同。皆立法之最特殊者。

明、清律亦沿唐律，僅文字上之修正，內容無甚出入；惟於强竊盜詐欺取財得向事主自首之外，加入受人枉法不枉法贓；悔過回件還主者，與經官司自首同，皆得免罪。若知人欲告而於財主處首還者，亦得減二等一段。唐律於坐贓悔過還主，止聽減三等，不能全免也。

唐律對於官吏，亦有自首免罪之規定；但不曰自首，而曰覺舉。其文曰：諸公事失錯自覺舉者，原其罪。應連坐者，一人自覺舉，餘人亦原之。其斷罪失錯已行決者，不用此律。明、清律均同。

第六章　緩刑制度之變遷

多數國刑法，均有刑之執行猶豫之制。我國謂之緩刑。周禮大司徒以荒政十有二聚萬民，三曰緩刑。註：凶荒民易犯禁，憫而不刑，則犯者益衆。嚴以示禁，則饑民之犯，或出於不得已。姑緩之可也。此特救荒之臨時處分，殆非常例。秋官士師，若邦凶荒，令移民通財，糾守緩刑。是緩刑爲士師之職掌也。秦、漢以後，史無緩刑之文，而大抵皆本其意。約舉之凡三：

（一）錄囚　錄囚者，謂憫恤囚人，視察其狀，而與以寬大之處分也；亦曰慮囚。顏師古注：漢書，謂省錄之，知其情狀有寃滯與不也；今云慮囚，蓋漢制稱錄囚，而唐制則曰慮囚。漢書雋不疑傳：拜靑州刺史，每行縣錄囚往還，其母輒問有所平反，活幾何人。蓋漢以錄囚爲刺史之職。百官志：諸州常以八月巡行所部郡國，錄囚徒是也。晉志：明帝卽位，常臨聽訟觀，錄洛陽諸獄。是東漢以後，始有天子親臨，爲唐制之權輿。晉武帝錄囚，見晉書，隋高祖錄囚，見隋書，然皆偶一行之，不爲常例。至唐而每帝必有慮囚，紀不絕書。唐書刑法志云：太宗親錄囚徒，閔死罪者三百九十人，縱之還家，期以明年秋卽刑，及期囚皆詣朝堂，無後者。此其例也。每遇慮囚，多所原宥，或降或免。宋史刑法志、天子歲自錄京師繫囚，畿內則遣使往，雜犯死罪以下第降等，杖、笞釋之，或徒罪亦得釋。此有宋一代之制。元以後，此制無聞矣。

（二）秋審 明代以後，死刑有立決與監候之別。罪重大不可寬假者，無論何時，卽時執行，謂之立決。其他則擬定罪名，待刑部核議，由刑部請旨，於秋後執行；謂之監候、凡秋後處決之案，概稱秋審。考左傳：賞以春夏，刑以秋冬。月令：孟秋之月，決獄訟。漢書陳寵傳：蕭何草律，立秋論囚。質帝紀：詔繫囚非殊死考未竟者，一切任出，以須立秋。已爲秋後審判之權輿。【註一】蓋我國古代，死刑多於秋後執行之，特與秋審性質稍異耳。

【註一】舊唐書：太宗制從立春至秋分，不得奏決死刑。金史刑法志：大定十三年，謂立春後立秋前，不聽決死刑；惟強盜則不待秋後，明律。若立春以後秋分以前決死刑者，杖八十。

嘉慶會典：各省秋決之囚，得旨監候。越歲審其應決與否，謂之秋審。在部之囚亦如之，曰朝審。秋審之別有四：曰情實、曰緩決、曰可矜、曰留養承祀，凡入於秋審之案，普通至翌年立秋止。猶豫刑之執行，其結果常有一等以上之減輕，卽唐、宋慮囚之遺制也。

(三)熱審　月令：孟夏之月，斷薄刑，決小罪，出輕繫。是古已有此制。然熱審之名，則始於明會典。淸承明制，每年於小滿後十日起，至立秋前一日之期間內行之。除軍流、徒犯及竊盜、鬬毆、傷人罪，不准減免之外，其他杖罪人犯，各減一等，笞罪寬免。枷號者暫行保釋，俟立秋後減等補枷。至熱審期內監禁之重犯，使管獄官量加寬恤，其情罪可疑及牽連待質人等，暫予保出，俟秋後再行拘禁。（以上均見嘉慶會典）亦一種刑之執行猶豫也。

第七章　歷代法官與法律上之責任

法官自古有之。左傳：郯子曰：「昔者黃帝氏以雲紀，故爲雲師而雲名。炎帝氏以火紀，故爲火師而火名。共工氏以水紀，故爲水師而水名。太皥氏以龍紀，故爲龍師而龍名。我高祖少皥摯之立也，鳳鳥適至，故紀於鳥，爲鳥師而鳥名。爽鳩氏，司寇也。」注：服虔云：「黃帝秋官爲白雲氏，炎帝秋官爲西火，共工秋官爲西水，太皥秋官爲白龍氏。」漢書百官公卿表注：應劭曰：「顓頊代少昊者也，不能記遠，始以職事命官。秋官爲金正。」此唐、虞以前之法官也。孔穎達以爲不經；然漢儒舊說如是，未必純出虛造。故路史及通鑑前編皆採之。

唐、虞均稱法官爲士。舜典：汝作士。傳：士、理官也。月令鄭註：

有虞氏曰士，夏曰大理，周曰大司寇。然說苑君道篇：當堯之時，皋陶爲大理。文子：皋陶暗，而爲大理。則堯舜時亦稱大理。殷則稱司寇，見曲禮鄭註。周之法官，統稱秋官，其長爲大司寇，次爲小司寇；而普通法官仍稱爲士；如士師、鄉士、遂士、縣士、方士、訝士、朝士等是也。沈家本刑官考云：刑官之制，周室爲詳，以大司寇爲之長，而小司寇副之，鄉士主六鄉之獄，（王城百里內）遂士主六遂之獄，（百里外至二百里）縣士主縣之獄。（三百里至四百里）方士主四方都家之獄，（五百里）此王畿以內之官也。訝士主四方諸侯之獄訟，此王畿以外之官也。獄之疑者詢於衆庶，則朝士主之。」一然其時中央之制如是，至列國如齊稱士，晉稱理，楚稱司敗，均見左傳。不盡依司寇之名。

秦始改司寇爲廷尉，漢因之。漢書百官公卿表云：廷尉秦官，掌刑辟，有正左右監。景帝更名大理，武帝時復爲廷尉。宣帝初置左右平，其下尙有廷尉史、廷尉書佐等官。至典獄則西漢有中都官獄二十六所，有令長，有丞，有獄史。漢成帝時，又置三公曹尚書，主斷獄事。後漢光武置六曹尚書，二千石曹主辭訟，中都官曹主水火盜賊事。此則後世刑部尚書之權與也。此外尚有治書侍御史二人，以明法律者爲之。凡天下諸讞疑事，掌以法律當其是非。沈氏刑官考論之曰：漢代刑官，在內惟廷尉一人。然其時天下之獄，不皆之廷尉。匪獨在外之郡國也，卽京師之內，三輔分治，其訟獄自論決之，不之廷尉也。之廷尉者詔獄，必事之有疑者。其無疑者，三輔郡國自論決之，廷尉不問也。在外之獄，郡縣則守令主之，侯王國其始內史主之，後屬於相。三輔及守令相，皆有專殺之權。有不待奏報，而論決者。惟獄之重大者，仍自天子與丞相論定之。廷尉諸官，不能專斷。其時京師又有行寃獄使者，外郡則太守及刺史，行部錄囚徒，奏事京師。此皆以防專斷之弊，相因爲用者也。

廷尉、正、監、平。歷魏、晉劉宋、南齊、梁、陳，皆有此官；惟晉改平爲評，梁、陳仍爲廷尉、平。北朝後魏亦稱廷尉、正、監、評。至北齊始改爲大理寺、正、監、評；而以大理寺爲九寺之一；置卿、少卿、丞、各一人；後周設官，純仿周制。有秋官大司寇，刑部中大夫，小司寇中大夫，小刑部下大夫，司厲下士諸官名。此魏、晉南北朝法官之大略也。

北齊尚書省置六尚書，分統六曹。隋因之，初置都官尚書。開皇三年，改爲刑部，煬帝又置刑部侍郎，見通典及唐六典。是爲刑部尚書、侍郎名稱之始。其大理寺、卿、丞之外，仍置正、監、評，並司直、明法等官、均襲北齊之制。至唐，而其制大備。分列於左：

(一)內官

(甲)刑部　唐書百官志：尚書省尚書令一人，典領百官。其屬有六尚書，五曰刑部尚書一人，正三品，侍郎一人，正四品。掌律令、刑法、徒隸、按覆、讞禁之政。郎中二人，員外郞二人，掌律法、按覆，大理及天下奏讞，爲尚書、侍郎之貳。其下有主事令史、書令史等官。

(乙)御史臺　唐志：御史臺大夫一人，正三品，中丞二人，正四品，侍御史六人、從六品，監察御史十五人、正八品。御史大夫，以刑法、典章，糾正百官之罪惡。中丞爲之貳。監察御史，掌分察百寮，巡按州縣獄訟。

(丙)大理寺　唐志：大理寺卿一人、從三品，少卿二人、從五品，掌折獄詳刑，正二人、從五品，掌議獄，正科條，丞六人、從六品，掌分判寺事，正刑之輕重。其下有主簿、獄丞、司直、評事、錄事等官。

唐制凡鞫大獄，以尙書侍郞御史中丞，大理卿爲三司使。

(二)外官

(甲)推官　唐志：節度使、觀察使、團練使、防禦使，各置推官一人。通典：採訪使有推官一人推鞫獄訟。

(乙)牧尹刺史縣令　唐志：西都、東都、北都牧各一人。鳳翔、成都等府伊各一人，掌歲巡屬縣，錄囚。州置刺史一人，縣置令一人，掌察寃滯聽獄訟。

(丙)法曹司法參軍事司法佐　唐志：法曹司法參軍事，掌鞫獄麗法，督盜賊，知贓賄沒入。府二人，上州二人，中州下州一人。司法佐，京縣五人，畿縣上縣四人，中縣、中下縣二人，下縣一人。

宋沿唐制，亦置刑部尙書，侍郞等職。元豐官制，大理寺卿一人、少卿二人，正二人、推丞四人，斷丞六人、司直六人，評事十二人、主簿二人。凡刑部大理寺所斷獄不當罪，則由門下省以法駁正之。凡官十有一：侍中、侍郞、左散騎、常侍各一人，給事中四人，左諫議大夫、起居郞、左司諫、左正言各一人。又設御史臺檢法一人，掌詳檢法律。神宗始於諸路置提刑司，其屬有檢法幹辦等官，則後世按察使之權輿也。開封府尹、臨安府知府，其下各置判官推官，次府之下，置法曹司理，略與唐制同。乾德初始置諸州通判，凡州之獄訟聽斷之事悉統之。其下有司法參軍，司理參軍等官。

元初設斷事官，掌刑政之屬，及定中原，亦置刑部尙書、侍郞、郞中、員外、主事等官，多用色目人，但無大理寺。沈家本論之曰：「唐、宋以前，刑部不置獄，而大理有獄。元不設大理寺，始於刑部置獄。夫刑部隸於尙書省，乃行政之官，大理乃裁判之官，漢代刑獄掌於廷尉，唐時大理斷獄上刑部，覆於中書門下。宋時刑部設審判院，大理斷天下奏獄，送審判院上中書。是其時中書爲行政，大理爲司法，刑部特於中書、大理中間作一樞紐；惟有詳議糾正之職，初不干預審斷之事，其界限尙分明也。自大理裁而刑部置獄，司法行政遂混合爲一，而不可復分矣。」

明太祖洪武十三年，罷中書省，政歸六部：糾劾、責之都察院，章奏、達之通政司，平反、參之大理寺；外設都、布、按、三司，分隸兵、刑、錢、穀。此古今官制一大變局也。然唐宋以刑部覆大理；明則以大雖覆刑部。唐宋尙書屬尙書省，爲行政之官；明則天下刑名皆歸刑部，大理寺不過覆按之而已。元不足道，司法行政之混淆，蓋自明始。

明於刑部大理寺之外，別置都察院，有左右都御史、左右副都御史、左右僉都御史，十三道監察御史一百十八人。都御史職專糾劾百司，辨明冤枉，提督各道，爲天子風紀之司；監察御史，在外巡按，則代天子巡狩，大事奏裁，小事立斷，按臨所至，必先審錄罪囚，弔刷案卷，有故出入者理辨之。此明制之最善者。此外又有刑科都給事中、左右給事中、給事中，每歲二月，上前一年南北罪囚之數，歲終類上一歲蔽獄之數，閱十日一上罪囚之數。又置通政使司，掌受內外章疏，凡四方陳情建言，申訴寃滯，或告不法等事，均由通政司奏問。凡議大政大獄，及會推文武大臣，必參預焉。

明初各行省未設總督巡撫；都指揮使、布政使、按察使之司，分職而治，實爲獨立之官，未有人節制之也。明志：提刑按察使司按使一人、正三品，副使僉事無定員，經歷、知事、照磨、檢校、司獄各一人。按察使掌一省刑名按劾之事，糾官邪，戢姦暴，平獄訟，雪寃抑。洪武十年設巡按，詢民疾苦，廉察風俗，然亦不常設。永樂元年復遣御史分巡天下，遂爲定制。然巡按乃考察之官，非以節制三司者也。中葉以後，巡撫漸爲常設，而三司之權遂輕。迄清代各省無不設總督、巡撫者，而巡按之制遂廢。

明各省府設知府一人、平獄訟，推官一人、理刑名。州設知州，其屬有吏目。縣設知縣，其屬有典史。州縣皆躬聽獄訟。此明、清兩代之制所同者。

我國法官之沿革，如上所述，而其特殊之精神，則法官之責任是也。所謂法官責任者何，即斷獄上之責任是也。唐律疏義：斷獄律之名，起自於魏。魏分李悝囚法而出此篇，是斷獄律雖始於魏，而李悝囚法中，已有法官責任之規定，則其來久矣。不特此也，尚書呂刑：五過之疵，惟官、惟反、惟內、惟貨、惟來，其罪惟均。集傳：官、威勢也，反、報德怨也，內、女謁也，貨、賄賂也，來、干請也。惟此五者之病，以出入人罪，則以人之所犯坐之。此法官責任規定之最古者。自法經以後，歷代諸律，莫不有法官責任之條，茲分別考證如左：

(一)秦律及漢律

李悝法經，雖不可考，然史稱商鞅傳授，改法為律。是秦律即法經也。

史記始皇本紀：三十四年，適治獄吏不直者築長城。是秦律固有治獄不直之條。漢書功臣表注：出罪爲故縱，入罪爲故不直。漢書中載犯此罪者不少，略舉其例：

(甲)故縱之例：

(1)昭帝紀：始元四年，廷尉李种坐故縱死罪，棄市。

(2)朱雲傳：坐故縱，亡命，會赦。

(3)百官公卿表：左馮翊賈勝胡坐縱謀反者，棄市。

(乙)故不直之例：

(1)光武紀：大司徒戴涉下獄死。注引古今注曰：坐入故太倉令奚涉罪。

(2)張敞傳：賊殺無辜，鞫獄故不直，雖伏明法，死無所恨。

(3)功臣表：商利侯王山壽坐爲代郡太守，故劾十人罪，不直，免。

漢律尙有鞫獄不實之條，功臣表：新時侯趙弟、坐爲太常鞠獄不實，入錢百萬，贖死，完爲城旦。可知漢時鞫獄不實，罪至死刑，其重如此。

(二)魏、晉及南北朝諸律

斷獄律之名，始於魏，則魏律對於法官責任，規定最詳，不待言矣。惜久佚無考。御覽引晉律：失贖罪囚，罰金四兩。知晉律固有失出、失入之條。南朝相承用晉張、杜律，自與晉同。北魏之律，自成一系。然魏書于栗磾傳：有「又出罪人，窮治不盡，按律準憲，事在不輕，」等語。是魏律於出入人罪，處罰極重。張袞傳：顯祖詔諸監臨之官，所監治受羊一口酒斛者，罪至大辟，與者以從坐論。史稱魏刑罰濫酷，蓋有由也。

(三)唐律　依唐律，法官有左之責任：

(甲)裁判必須準據法規　其文曰：諸斷罪皆須具引律、令、格、式，違者笞三十。若律無正條，則按罪情之輕重，用舉重明輕舉輕明重之例，定於名例律中。

(乙)拷訊必須依法　其文曰：諸應議請減，若年七十以上、十五以下及廢疾者，並不合拷訊，皆據字證定罪。違者以故失論。其對於普通拷囚，亦有制限。文曰：諸拷囚不得過三度，數總不得過二百，杖罪以下，不得過所犯之數。若拷過三度，及杖外以他法拷掠者，杖一百。杖數過者，反坐所剩。以故致死者徒二年，卽有瘡病不待差而拷者，亦杖一百。

訊問之時，於證人亦有制限。文曰：其於律得相容隱，卽年八十以上，十歲以下及篤疾。皆不得令其爲證，違者減罪人罪三等。

(丙)告狀之外，不得別求他罪　文曰：諸鞫獄者，皆須依所告狀鞫之，若於本狀之外，別求他罪者，以故入人罪論。但此條頗有流弊，故疏義釋之曰：若因其告狀，或因掩捕搜檢，因而檢得別罪者，亦得推之。明律卽將疏義之文，採入正律。

(丁)不得出入人罪　文曰：斷罪失於入者，各減三等。失於出者，各減五等。若未決放，及放而還獲，若囚自死，各聽減一等。此分兩種，前段定故意之責任，後段定過失之責任。

(戊)斷罪不當　文曰：諸斷罪應決配之而聽收贖，應收贖而決配之。若應官當而不以官當，及不應官當而以官當者，各依本罪減故失一等。又曰：諸斷罪應絞而斬、應斬而絞，徒一年；自盡亦如之，失者減二等。

(巳)虐待囚人　文曰：諸囚應請給衣、食、醫、藥，而不請給，及應聽家人入視，而不聽，應脫去枷、鏁、杻，而不脫去者，杖六十；以故致死者，徒一年；卽減竊囚食，笞五十；以故致死者絞。明律增入應保管，出外而不保管，且以此爲獄官獄卒之責任。官吏知而不擧者，與同罪。

(庚)重罪判決，須取被告之服辯　文曰：諸獄結竟，徒以上各呼囚及其家屬，具告罪名，仍取囚服辯。若不服者，聽其自理。更爲審詳。違者笞五十，死罪，杖一百。

以上略擧其重者，其他尚多，均定於斷獄律中，茲不具述。尚有附言者，關於訴訟上共助，唐律亦有明文。文曰：諸鞫獄官停囚待對問者，雖職不相管，皆聽直牒追攝，牒至不即遣者，笞五十；三日以上，杖一百。

（四）明清律　唐律所定者，明、清律全部採用之，且增入條文不少。玆舉其要者：

（甲）淹禁之責任　文曰：凡獄囚情犯已完，監察御史、提刑按察司審錄無寃，別無追勘事理應斷决者，限三日內斷决。應起發者，限一十日內起發，若限外不斷决，不起發者，當該官吏，三日笞二十，每三日加一等。

（乙）故禁故勘之責任　文曰：凡官吏懷挾私讎，故禁平人者，杖八十：因而致死者，絞。若故勘平人者，杖八十；折傷以上，依凡鬬傷論；因而致死者斬。

（丙）辯明寃枉責任　文曰：凡監察御史、按察司辯明寃枉，須要開具所枉事跡實封奏聞。委官追問，得實被誣之人，依律改正，坐元告、元問官吏。

（丁）典吏代寫招草之責任　文曰：凡諸衙門鞫問刑名等項，若吏典人等，爲人改寫及代寫招草，增減情節，致罪有出入者，以故出入人罪論。

第八章　舊律與家族制度

說文：家、居也，從宀、從豭、省聲。蓋原人時代，家必蓄豕，故從豕取義。易家人卦：女正位乎內，男正位乎外；男女正，天地之大義也。家人有嚴君焉，父母之謂也。父父、子子、兄兄、弟弟、夫夫、婦婦，而家道正。正家而天下定矣。易序卦傳：有天地，然後有萬物；有萬物，然後有男女；有男女，然後有夫婦；有夫婦，然後有父子。是可知古以男女配偶，爲一家成立之條件。夫婦爲小家族，有父子、兄弟者爲大家族。三代以上，皆以家爲國之單位。周禮地官：五家爲比，比有長；五比爲閭，閭有胥；四閭爲族，有族師；五族爲黨，有黨正；五黨爲州，有州長；五州爲鄉，有鄉大夫。此地方自治以家爲單位也。小司徒均土地：上地家七人，可任也者家三人；中地家六人，可任也者二家五人；下地家五人，可任也者家二人。鄭註：一家男女七人以上，則授之以上地；男女五人以下，則授之以下地。有夫有婦，然後爲家。自二人以至於十爲九等。可任，謂丁强任力役之事者。是井田時代，其授田任役，均以家爲單位也。秦廢封建爲郡縣，稱家爲戶。史記：徙天下之豪富於咸陽十二萬戶，是也。我國向以多數家族同居爲美談。自孝公變法，民有二男以上不分異者倍其賦，稍變古制。漢初除秦諸法，增定戶律。歷代因之，迄清不改。此我國法律建築於家族制度之上也。

因立法根據家爲單位之歷史，故必有家長及家屬。家長爲一家之代表，於法律上有特殊之權利義務。以對外方面言之：淸律欺隱田糧條之註云：一戶以內所有田糧，家長主之；故家長有納付田糧及呈報家口之義務。唐律則明定諸脫戶者，家長徒三年。又名例：家人共犯時，止坐家長。此皆法律明定以責任歸之家長者。以對內方面言之：子孫違犯敎令，律有專條。家長對於家之財產。有管理處分之全權，卑幼不得擅用。唐律諸同居卑幼私輒用財者，十四笞十是也。

關於家屬，法律上常使用同居之用語。同居二字，始見於漢書惠帝紀。是漢律已有之。唐律疏義釋之曰：同居、謂同財共居。唐律所定者：(一)同居相爲容隱，勿論其罪，奴婢爲主隱者亦同；(二)同居卑幼，將人盜己家財物者，以私輒用財物論，加二等；(三)征人冒名相代條，同居親屬代者減二等；(四)緣坐非同居者，資財田宅，不在沒限。皆規定家屬之特殊權利義務者。

爲維持家族制度起見，故其律重孝而懲姦，分別論之。

(一)重孝　呂氏春秋引商書曰：刑三百，罪莫重於不孝。其事遠在商代。公羊：文十六年，何註：不孝者，斬首梟之，釋例云：秦法也。秦律卽法經。是法經已有此條也。漢書衡山王傳：太子爽坐告王父不孝，棄市。是漢律有此條也。魏志：太后詔曰：五刑之罪，莫大於不孝。是魏律有此條也。晉書：桓玄奏，道子酣縱不孝，當棄市。是晉律有此條也。魏書太武五王傳：其妻無子而不娶妾，斯則自絕，無以血食祖父，請科不孝之罪。是北魏律有此條也。至於北齊，始以不孝列入重罪十條之內。隋開皇律，改稱十惡，唐以後因之。唐律於不孝採列舉主義。然此外別爲專條者，如戶婚篇之父母囚禁嫁娶，居父母喪生子；職制篇之委親之官，冒哀求仕；鬥訟篇之子孫違犯敎令。如此之類，不可枚舉。明律大半沿唐律，其稍異者，如子孫告祖父母。唐律本入十惡，明則於訴訟篇別立干名犯義一條。唐律名例本有犯死罪，非十惡。祖父母老、父母疾者可上請。犯流罪者，權留養親諸條。明則改權留養親，爲存留養親，不限於流罪，而於名例篇別立專條。此外吏民不孝不弟者，書犯人姓名於申明亭，而於雜犯篇立折毀申明亭之禁，則爲唐律所無。

（二）懲姦　禁未婚男女之和姦，世界各國刑法，殆無其例。考禁姦之起源，三代具用五刑，而宮爲五刑之一。李悝法經有輕狡，即姦罪也。然周代以前，猶不甚嚴。秦幷天下，立碑會稽，侈言功德。有：「夫爲寄豭，殺之無罪，」之語。是貞操之說，至秦始盛也。漢律有和姦、强姦、居喪姦、姦部民妻諸罪名，已開唐律之先河。至明律則特設姦罪一門；大體分和姦、刁姦、强姦、欺姦之四。至清律則並附例以補律文之不備。故姦罪當以清律爲最詳云。

敬啟

『民國專題史』叢書，乃民國時期出版的著名學者、專家在某一專題領域的學術成果。所收圖書絕大部分著作權已進入公有領域，但仍有極少圖書著作權還在保護期內，需按相關要求支付著作權人或繼承人報酬。因未能全部聯系到相關著作權人，請見到此説明者及時與河南人民出版社聯系。

聯系人 楊光
聯系電話 0371-65788063
2016年3月28日